JN441249

책에서 만난 나

책에서 만난 나

김민재 지음

이음과펼침

프롤로그

사람들은 더 이상 책을 읽지 않는다. 10명 중 6명이 1년 동안 단 한 권의 책도 읽지 않는다고 한다.

수천 년 동안 인류의 가장 중요한 정보 전달 수단으로서 독서의 지위는 불과 몇 세대 만에 귀찮은 것, 번거로운 것으로 격하되기에 이르렀다.

짧고 강렬한, 무제한의 자극이 넘치는 세상에서 활자를 읽어 나가는 행위는 너무나 느리고 버겁다. 독서 부족에 대한 문제는 이미 논의된 지 오래이며, 나에게도 조금 늦게 찾아왔을 뿐 결코 예외가 아닌 문제로 다가왔다.

나는 더 이상 책을 읽지 않았고 생각하는 법을 잊어버렸으며, 순간의 자극을 추구하고 있었다. 이러한 상황이, 이 책을 쓰고자 하게 된 확실한 계기라고 말할 수 있을 것 같다.

누구보다 책을 좋아하던 아이는 책을 자신의 삶의 일부로 받아들였다. 여러 책 속의 각각의 세상은 어느 공간보다도 넓고 자유로운 곳이었다.

그러나 어느 순간부터 그 세상을 잃어버렸다. 스크린이라는 좁은 공간에 갇힌 채로 더는 다른 세상을 찾아 나서지 않게 되었다. 그러던 어느 날, 마침내 다시 그 세상을 되찾고자 나서게 되었다.

'책에서 만난 나'라는 제목은 그러한 의미를 담고 있다. 타인의 책을 읽으면서 다시 예전의 내 모습을 찾아간다는 것과, 이제는 나 자신의 책을 만들어 가며 그 안에서 또 새로운 나를 만나게 되는 것이다. 책이라는 키워드는 안과 바깥을 아우른다.

본 도서는 여러 개의 짧은 글들이 독후감의 형식으로, 혹은 일종의 수필 같은 형식으로 어지럽혀져 있는 것들을 간신히 모은 지극히 개인적인 결과물이다.

혹자에게는 흥미를 일으키기 어렵거나, 어떤 의미를 찾고자 해도 별 수확이 없을 가능성이 아마도 클지 모르겠다.

그러나 나 자신에게만큼은 나름의 중요한 글들을 모아 놓은 것으로서 이 작업 자체로 나에게는 의미가 큰 행위라고 할 수 있다. 이 감상을 읽는 이로 하여금 조금이나마 느끼게 되었으면 한다.

목차

1부

2부

3부

4부

1부

독서, 글쓰기, 그림, 표현

내가 기억하는 가장 어린 시절부터 나는 책을 많이 읽었다. 어떤 의무감 혹은 필요성으로 책을 읽는 것이 아니라 밥을 먹을 때도, 심지어 화장실에서도 책을 볼 정도로, 독서는 자연스럽게 일상의 한 부분으로서 존재하고 있었다.

집에는 항상 책이 많았고 종류도 다양했다. 서양과 동양의 고전, 현대 문학, 학습만화, 잡지, 신문까지 여느 가정보다 높은 수준의 독서 환경을 갖추고 있었다고 할 만했다.

창조적인 직종에 종사하셨던 양친의 영향인지, 어린 나이부터 아이디어들과 소재들이 항상 머릿속에 부유했고 또한 그것들을 꺼내어 표현하고자 하는 욕구(주로 낙서, 그림의 형태)가 매우 강했다. 이 특성은 자라면서 약해지지 않고 오히려 더 커지게 되었다.

그러나 그 많은 글과 이미지를 접하고 또 표현하면서 항상 꺼리던 것이 있었다. 바로 글쓰기다. 며칠 동안 수십 권의 책을 읽어도 독후감은 결코 쓰지 않았다.

글쓰기 숙제를 해오지 않아서 학교에서 혼이 나는 한이 있어도 글만큼은 최대한 쓰지 않으려고 했다.

그렇다고 해서 나에게 글쓰기에 있어서 큰 어려움이 있다거나 하는 것은 아니었다. 백일장이나 창작 대회에서 곧잘 상을 받기도 했다. 오히려 꽤 잘 쓰는 편이었다고 하는 게 맞을 것이다. 그렇다면 왜 나는 그렇게 글을 쓰고 싶어 하지 않았을까.

글을 쓴다는 것은 엉켜 있는 본인의 내면과 그 생각을 정리하여 정돈된 상태로 보여주는 것이라고 생각한다. 그리고 바로 이것, 나는 자신을 드러내는 것을 극도로 힘들어했다.

발표, 토론, 가창 수행까지, 타고난 성질이었던 탓이었을까, 남들에게 나를 꺼내놓는 것을 매우 어려워했다. 사교성과는 또 다른 문제였다.

또한, 글이라는 것 자체가 나에게는 낯선 방법이었다. 앞서 언급했듯이 나에게 주된 표현의 수단으로서 기능한 것은 그림이었다. A4 종이와 필기도구만 있으면 어떤 것이든 개인적으로 만족스럽게 끌어낼 수 있었다.

그러나 글은 나에게는 불필요한 것으로 느껴졌다. 어떤 글도 내 생각을 온전히, 일정 수준까지 담아내지 못한다는 느낌을 항상 받았다.

게다가 활자는 비직관적이다. 원하는 형태를 한눈에 담기를 추구했던 나로서는 글쓰기는 기피 대상일 뿐 언제나 주된 표현 방식은 그림이었다.

그 후로 시간이 지나 성인이 되고, 나는 더 이상 책을 읽지 않게 되었다. 10년 이상을 책과 함께 했으나, 1~2년 만에 각종 디지털 기기에 의해 독서는 이제 내 삶에서 별로 중요하지 않은 것으로 밀려나게 되었다.

어느 시점부터 그림도 그리지 않게 되었다. 더는 '표현'이라는 것 자체를 하지 않게 되어버렸다.

그러다, 우연히 책을 다시 접하게 될 기회가 생겼다. 게다가 글까지 써야 했다. 마치 과제처럼 부여된 상황에서 무거운 몸을 이끄는 심정으로 글을 쓰게 되었는데, 그저 참담한 심정뿐이었다.

책의 내용만 간신히 받아들인 상태에서, 그걸 풀어내어 흰 화면만 들여다보며 내 생각과 함께 정리한다는 것은, 오랜만에 책을 읽고 글까지 써야 했던 나로서는 아주 고역이었다.

그래도 하면 된다고 했던가. 한 권씩 읽어 나갈 때마다 글을 쓰는 것은 여전히 힘들었으나 어떻게든 이어 나갈 수 있었다. 그리고 이 과정을 반복하면서 스스로에게 일어난 변화를 느끼게 되었다.

그냥 처음부터 끝까지 책을 읽기만 했던 과거와 달리, 이제는 책을 읽으면서 자연스럽게 이 내용을 어떤 식으로 글의 일부분으로 구성할 수 있을지를 생각하기 시작했다. 중요하다고 생각되는 부분들을 따로 정리하여 스크랩하기도 했다.

이 시점부터 읽기와 쓰기가 마치 하나의 행위인 것처럼 이루어지기 시작했다. 글을 쓰면 쓸수록 글쓰기는 점점 이전만큼 어렵고 복잡한 과업이 아니게 되었다.

변화는 글쓰기에만 좋은 방향으로 이루어지지 않았다. 읽기에 있어서 또한 그에 못지않은 것을 체감할 수 있었다.

학창 시절, 특히 고등학교 때 내가 읽었던 책은 한 학년에 백 권 이상에 달했다. 다독상까지 받을 정도로 열심히, 또 많이 읽었던 시기였다. 그 수많은 책 중에서, 내가 표지를 보고 내용을 떠올릴 수 있는 책들은 그다지 없다.

언젠가 도서관에 갔을 때, 처음 보는 흥미로운 책이 있어 읽어보니 사실 과거 재미있게 보았던 책이었음을 알게 되었을 때, 적지 않은 충격을 받기도 했다.

그러나 이제는 책이 더 이상 휘발되는 느낌을 받지 않게 되었다. 쓰기 위해서 독서하는 과정에서 자연스럽게 내용과 흐름을 한층 명확하게 인지하는 것이 몸에 배기 시작한 것이다. 이런 변화는 전혀 의식적이지도 예견하지도 못한 변화였다.

이제는 글쓰기가 나에게 굉장히 익숙한 표현의 방식으로 자리 잡았다고 말할 수도 있을 것 같다. 몇 달 전만 해도 상상할 수 없는 일이었겠지만, 참 예측 불허한 것이 아닐 수 없다.

이 과정들을 지나고 나니, 내키지 않는다, 꺼려진다고 하는 것들은 대개 두려움에서 기인하는 것일 텐데, 그것들은 결국 내 안에만 있는 실체 없는 것에 불과하다는 생각이 들기도 한다.

만약 또 내가 도전해야 하는 일이 생긴다면 여기서 얻은 교훈을 떠올리면 좋을 것 같다.

글쓰기도 이겨낸 김에, 그림을 다시 시작해 보는 것도 좋을 것 같다.

유혹의 힘에 대하여
로버트 그린, 《인간관계의 법칙》을 읽고

유혹이라는 단어는 흔히 가볍게 소비된다. 사람을 속이거나, 상대를 조종하는 기술처럼 여겨지기도 한다. 그러나 이 책에서 다루는 유혹은 그런 이미지와는 거리가 멀었다.

여기에서 유혹은 인간관계의 표면이 아니라 그 이면을 다룬다. 사람의 마음이 어떤 순간에 열리고, 왜 특정 인물에게 끌리는지, 그 미묘한 작동 방식을 차분히 들여다보게 만든다.

읽는 동안 흥미로움과 함께 묘한 불편함이 동시에 따라왔다. 우리가 스스로 이성적인 판단을 내리고 있다고 믿어온

많은 선택이 사실은 이미 감정의 방향이 정해진 뒤에 이루어졌다는 사실을 인정하게 되기 때문이었다.

가장 인상 깊었던 지점은 관계를 주도한다는 개념에 대한 해석이었다.

우리는 흔히 관계의 주도권을 힘이나 우위, 혹은 적극성의 문제로 생각한다. 먼저 다가가고, 더 많이 표현하고, 상대를 설득하는 사람이 관계를 이끈다고 여긴다.

그러나 이 책은 그런 통념을 벗겨낸다. 관계를 움직이는 힘은 밀어붙이는 데서 나오지 않는다고 한다. 오히려 **감정의 흐름을 읽고, 그 흐름에 맞는 거리와 속도를 조절하는 데서 생긴다.**

한 걸음 다가갔다가 물러서는 타이밍, 친절과 긴장이 교차하는 순간, 설명되지 않은 침묵과 여백이 사람의 마음을 서서히 움직인다. 우리는 스스로 선택했다고 느끼지만, 그 선택은 이미 분위기와 리듬 속에서 준비되어 있었던 셈이다.

이 지점에서 인간이 얼마나 감정적인 존재인지를 다시 생각하게 만든다. 우리는 논리와 판단으로 살아간다고 믿지만, 실제로는 감정이 먼저 반응하고 이성이 그 뒤를 따라가며 이유를 만들어낸다.

누군가의 말투, 시선, 태도, 혹은 설명되지 않는 느낌 하나가 판단의 방향을 바꾼다. 그 변화는 소리 없이 일어나기 때문에 우리는 그것을 알아차리지 못한 채 내가 선택했다고 믿는다. 유혹의 가장 무서운 지점은 바로 여기에 있다. 강요도, 압박도 없지만, 감정은 이미 기울어져 있다.

유혹을 가능하게 만드는 핵심 요소로 제시되는 **자기 자신을 아는 태도** 역시 오래 마음에 남는다. 많은 사람이 매력을 연출하려 하고, 타인의 관심을 끌기 위해 자신을 꾸민다.

하지만 그런 방식은 오래가지 못한다고 한다. 흉내 낸 태도나 계산된 말투는 일시적인 효과를 낼 수는 있어도, 관계를 지속시키지는 못한다.

진짜 영향력은 자기 안에 이미 존재하는 성향과 감각을 정확히 인식하고, 그것을 숨기지 않을 때 생긴다. 자신이 어떤 사람인지 알고 있다는 사실 자체가 상대에게 신뢰와 안정감을 주기 때문이다.

동시에 유혹이 결코 자기만을 향한 기술이 아니라는 점을 분명히 한다. 유혹자의 시선은 언제나 자신이 아닌 상대를 향해 있다. 무엇을 보여줄지 고민하기보다, 상대가 무엇을 갈망하고 있는지를 먼저 묻는다.

말보다 표정과 침묵을 읽고, 요구보다 욕망을 파악하려 한다. 이런 태도는 관계의 방향을 근본적으로 바꾼다. 상대를 설득하려 애쓰지 않아도, 상대가 스스로 의미를 부여하고 다가오게 되기 때문이다. 이 과정에서 사람은 타인에게 끌리면서도, 사실은 자기 자신을 다시 마주하게 된다.

책에서 제시하는 다양한 유혹자의 유형 역시 인간 욕망의 복잡한 얼굴을 보여준다. 각각의 유형은 서로 다른 방식으로 사람의 결핍과 환상을 자극한다.

누군가는 감각을 흔들고, 누군가는 자유를 상기시키며, 누군가는 잃어버린 이상을 비춘다. 흥미로운 점은 이 모든 유형이 특정한 기술이나 외형에 기반하지 않는다는 것이다.

그들은 상대의 내면 깊숙한 지점을 건드린다. 그래서 유혹은 상대를 약하게 만들기보다, 오히려 자신을 더 드러내고 싶게 만드는 힘으로 작동한다.

책을 읽으며 유혹이라는 개념에 대해 경계심도 생겼다. 사람의 마음이 이렇게까지 쉽게 움직일 수 있다는 사실을 알게 되면, 그만큼 책임도 무거워지기 때문이다.

감정은 섬세하고, 한 번 흔들리면 예상치 못한 방향으로 흘러가기도 한다. 그래서 단순히 관계를 잘 이끄는 법을 알려주는 데서 끝나지 않고 오히려 관계를 다루는 사람이 얼마나 자각적이어야 하는지를 묻는다. 상대의 마음을 읽을 수 있다는 것은, 그 마음을 함부로 사용하지 않을 책임까지 함께 지는 일이라는 점을 배울 수 있었다.

또한 **관계가 결코 우연의 산물이 아니라는 점**을 분명히 보여준다. 감정은 자연스럽게 생기지만, 아무 방향 없이 자라지는 않는다.

관계에는 언제나 누군가의 태도와 시선이 개입되어 있고, 그 축적된 선택들이 흐름을 만든다. 이 흐름을 읽지 못하면 관계는 쉽게 엇나가고, 반대로 흐름을 이해하면 굳이 힘을 쓰지 않아도 방향을 바꿀 수 있다.

이때 중요한 것은 **상대를 지배하려는 욕망이 아니라, 감정이 움직이는 방식을 존중하는 태도**다.

이 책은 나에게 관계 속에서 얼마나 나 자신을 정직하게 바라보고 있는가, 그리고 타인의 마음을 세계로 존중하고 있느냐는 질문을 던져 주었다.

유혹은 외부에서 끌어오는 기술이 아니라, 자신과 타인을 동시에 이해하려는 태도에서 온다는 것을 배웠다. 관계를 대하는 방식, 감정을 해석하는 태도, 그리고 자신을 인식하는 깊이를 다시 생각하게 한다.

책을 덮으면서 유혹이라는 단어는 더 이상 가볍게 느껴지지 않았다. 이제는 유혹이라는 말이 누군가를 흔드는 힘이기보다는, 인간을 이해하려는 시선의 문제로 느껴졌다.

관계는 우연히 만들어지는 것이 아니라, 감정과 태도가 쌓여 형성되는 과정이라는 사실도 남았다. 그 과정의 중심에는 언제나 타인이 아니라, 나 자신이 놓여 있다.

이 책은 지금 내가 관계 앞에서 얼마나 자각적인 사람인가, 어디를 바라보고 있는가를 돌아보게 하였다.

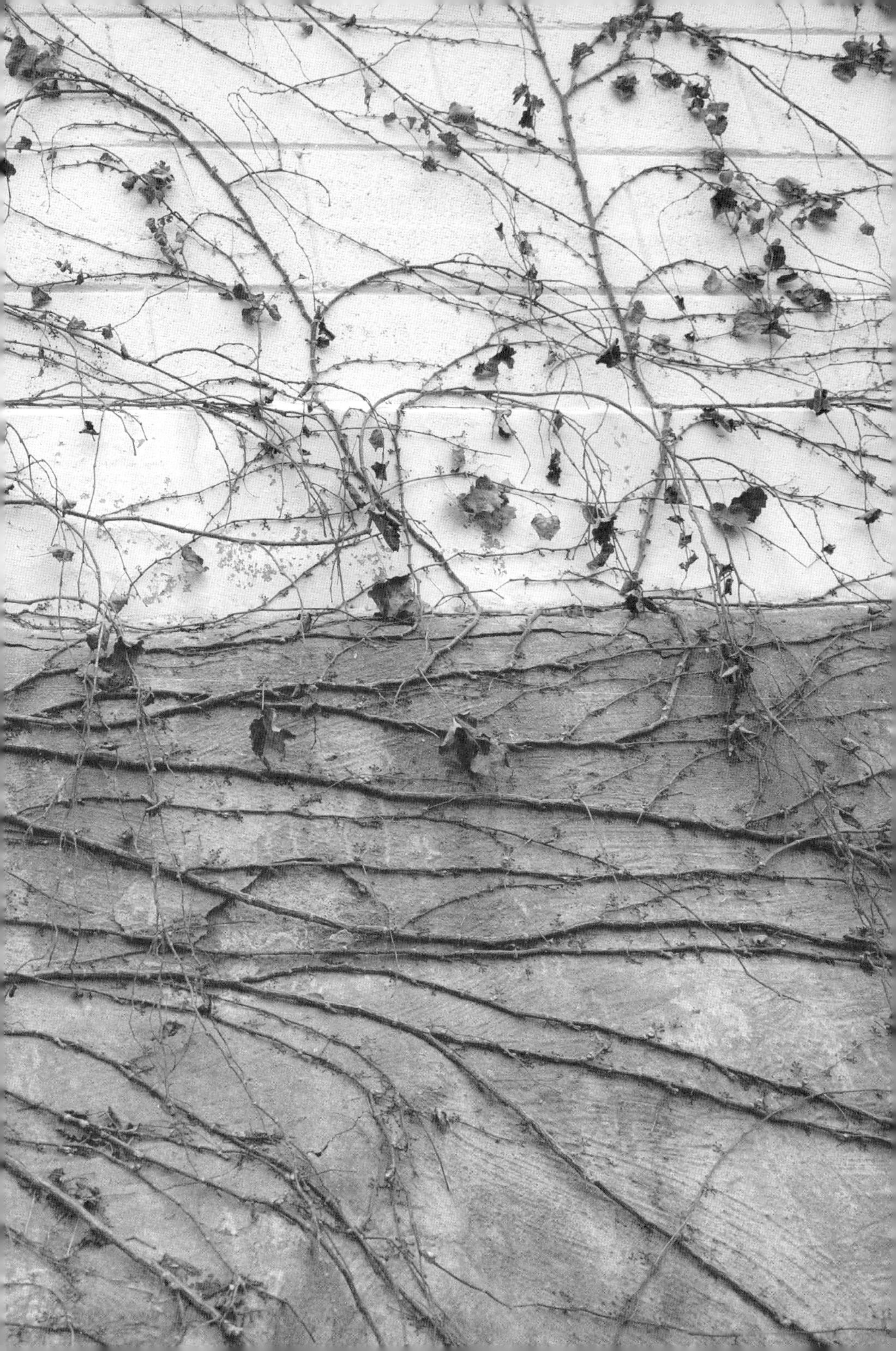

인간은 합리적이라는 착각에 대하여
후카호리 모토후미, 《하룻밤에 읽는 심리학》을 읽고

《하룻밤에 읽는 심리학》은 심리학을 어려운 학문으로 설명하기보다, 우리가 일상에서 반복적으로 겪는 행동과 감정, 선택의 이유를 간단한 원리로 풀어낸 책이다.

저자 후카호리 모토후미는 인간을 합리적인 존재로 전제하지 않는다. 대신 인간은 감정과 무의식, 그리고 주변 상황에 따라 쉽게 흔들리는 존재라고 말하며, 다양한 사례를 통해 그 모습을 보여준다.

이 책은 심리학 지식을 배우는 느낌보다는, 평소 내가 왜 그런 선택을 해왔는지를 돌아보게 만드는 글에 가깝다.

책은 사람들이 왜 자신을 객관적으로 바라보지 못하는지에 대한 질문에서 출발한다. **우리는 자신이 이성적이고 일관된 판단을 내린다고 믿고 싶어 하지만, 실제로는 여러 편향 속에서 사고한다.**

그중 가장 인상 깊었던 개념은 확증편향이었다. 이미 믿고 있는 생각을 강화해 주는 정보만 받아들이고, 그와 반대되는 근거는 무시하는 경향은 일상에서도 쉽게 발견할 수 있다.

이 설명을 읽으며, 잘못된 선택이라는 것을 어느 정도 알면서도 같은 결정을 반복했던 나 자신의 모습이 떠올랐다.

또한 저자는 **인간이 얼마나 타인의 시선에 영향받는 존재인지** 설명한다. 사람은 혼자 있을 때와 누군가가 보고 있다고 느낄 때 전혀 다른 행동을 한다.

다수가 선택한 방향이 더 옳아 보이고, 권위 있는 사람이 말하면 비판 없이 받아들이는 경향은 개인의 판단력을 약화한다. 저자는 이러한 현상이 항상 긍정적인 결과를 낳는 것은 아니며, 오히려 잘못된 판단이 집단 속에서 확대될 수 있다고 지적한다.

이 부분을 읽으며, **스스로 주체적인 판단을 하고 있다고 생각했던 순간들 역시 주변 분위기에 크게 영향받고 있었을**

지도 모른다는 생각이 들었다.

감정에 대한 설명도 이 책의 중요한 부분이다. 우리는 이성적으로 판단한 뒤 감정을 느낀다고 생각하지만, 실제로는 감정이 먼저 반응하고 이성이 그 선택을 합리화하는 경우가 많다.

분노나 불안, 공포 같은 감정은 생존을 위해 필요한 기능이지만, 현대 사회에서는 과도하게 작동하기 쉽다. 저자는 감정을 억누르기보다, 감정이 어떻게 생겨나는지를 이해하고 한 걸음 떨어져 바라보는 태도가 중요하다고 말한다.

인간관계에 대한 부분도 공감이 갔다. 사람은 타인을 있는 그대로 보기보다, 자신의 기대나 결핍을 투사한 이미지를 통해 상대를 해석한다.

첫인상이 강력하게 작용하고, 한 번 형성된 이미지는 쉽게 바뀌지 않는다. 많은 갈등이 상대의 실제 행동보다, 각자가 마음속에 만들어 놓은 상대의 모습에서 비롯된다는 설명은 인간관계를 다시 생각하게 했다.

상대를 이해한다고 믿었던 순간들이 사실은 나의 기준으로 판단하고 있었던 것은 아닐지 돌아보게 되었다.

의사결정에 관한 설명에서는 선택의 자유가 얼마나 제한적인지도 다룬다. **선택지가 많을수록 더 행복해질 것 같지**

만, 실제로는 선택 피로와 후회를 더 크게 느끼게 된다.

저자는 모든 선택에서 최선을 찾으려 하기보다, 충분히 괜찮은 선택을 받아들이는 태도가 필요하다고 말한다. 이 부분은 완벽한 선택을 하려다 오히려 지쳐 왔던 나의 모습과 맞닿아 있었다.

이 책을 읽고 난 뒤 가장 크게 남은 감정은 안도감이었다. 인간이 흔들리고 모순적인 존재라는 사실이 개인의 결함이 아니라 구조적인 특징이라는 설명 덕분이다.

우리는 종종 비합리적인 선택을 한 뒤 자신을 자책하지만, 이 책은 그런 판단이 인간의 본성에 가까운 반응임을 차분히 설명한다. 그 설명은 변명처럼 느껴지지 않았고, 오히려 자신을 이해할 수 있는 기준을 제공해 주는 느낌이었다.

저자는 심리학을 통해 더 똑똑해지라고 하는 게 아니라 자신이 어떤 방식으로 생각하고 감정을 느끼며 선택하는지를 인식하라고 권한다.

인간은 완벽하지 않다는 사실을 받아들이는 순간, 선택에 대한 부담은 줄어들고 인간관계도 조금은 단순해질 수 있다는 메시지가 인상 깊게 남았다. 가볍게 읽을 수 있는 책이지만, 일상에서 나 자신을 돌아보게 만드는 힘을 가진 책이다.

치유의 과정에 대하여
루이스 헤이, 《루이스 헤이의 치유 수업》을 읽고

《루이스 헤이의 치유 수업》을 읽으며 가장 먼저 떠오른 생각은, 우리가 상실을 지나치게 서둘러 정리하려 한다는 사실이었다.

슬픔은 오래 머물면 안 되는 감정이고, 가능한 한 빨리 극복해야 할 상태로 여겨진다. 때로는 타인에게 드러내지 말아야 할 약점처럼 취급되기도 한다.

이 책은 그런 태도에 의문을 던진다. 상실은 피해야 할 실패가 아니라 반드시 통과해야 할 과정이며, 치유는 슬픔을 없애는 일이 아니라 슬픔을 이해하는 일이라고 말한다.

삶에서 겪는 상실은 생각보다 다양한 모습으로 나타난다. 누군가의 죽음이나 이별뿐 아니라, 관계의 변화, 이루지 못한 꿈, 건강의 손실, 예전의 나로 돌아갈 수 없다는 자각까지도 모두 상실의 한 형태다.

이 책은 상실 앞에서 어떤 감정을 느끼는지가 문제가 아니라, 그 감정을 어떻게 해석하고 대하는지가 이후의 삶을 결정한다고 말한다. **상실은 하나의 사건이지만, 고통은 그 사건을 바라보는 해석에서 비롯된다**는 관점은 책 전체를 관통하는 핵심 메시지처럼 느껴졌다.

특히 인상 깊었던 부분은 **슬픔을 억누르려는 태도가 오히려 치유를 지연시킨다**는 설명이었다. 우리는 슬픔을 느끼는 자신을 약하다고 판단하고, 이제는 그만해야 한다며 자신을 다그친다.

시간이 지났는데도 아파하는 자신을 보며 부끄러움을 느끼기도 한다. 그러나 책은 슬픔을 존중하지 않는 한 치유는 시작되지 않는다고 말한다.

슬픔은 제거해야 할 감정이 아니라 귀 기울여야 할 신호이며, 그 안에는 아직 충분히 표현되지 못한 사랑과 애도가 남아 있다는 설명은 깊은 설득력이 있다.

마음에 오래 남은 개념은 다 자라지 못한 내면의 아이에 관한 이야기였다. 상실 앞에서 무너지는 감정은 현재의 사건 때문만이 아니라, 과거에 충분히 보호받지 못했던 마음이 다시 모습을 드러내는 과정이라는 설명은 슬픔을 바라보는 시선을 바꾸어 놓았다.

우리는 어른의 얼굴로 슬퍼하지만, 실제로 울고 있는 것은 오래전 외면당했던 감정일지도 모른다. 이 관점은 슬픔을 부끄러워하거나 억지로 밀어낼 필요가 없다는 사실을 자연스럽게 받아들이게 만든다. 슬픔은 없애야 할 대상이 아니라 돌봐야 할 존재가 된다.

이 책은 생각하는의 힘, 방향이 중요하다고 강조한다. 생각이 감정과 행동을 얼마나 깊이 지배하는지를 보여준다.

“나는 버려졌다”, “나는 사랑받을 가치가 없다”라는 생각은 상실을 고통으로 고착시키는 언어가 된다. 반면 “나는 깊이 사랑했기 때문에 아프다”, “나는 지금 치유의 과정에 있다”라는 생각은 같은 현실을 전혀 다른 방향으로 이끈다.

처음에는 사소해 보이는 생각의 차이가 반복될수록 삶을 대하는 태도를 바꾸고, 감정을 다루는 방식에도 영향을 미친다는 점이 인상 깊었다.

긍정 확언에 대한 설명 역시 이 책을 다시 보게 만든 부분이었다. 확언은 현실을 부정하는 자기기만이 아니라, 자신에게 건네는 새로운 언어라는 설명은 그동안 갖고 있던 선입견을 덜어 주었다.

우리는 하루에도 수없이 자신을 비난하는 말을 반복한다. 확언은 그 언어를 의식적으로 바꾸는 연습이며, 자신을 존중하는 말과 선택이 곧 치유의 일부가 될 수 있다는 점은 매우 현실적으로 느껴졌다.

또한 치유를 빠른 변화로 기대하지 않아야 한다는 관점을 제시한다. 치유는 직선이 아니라 파동에 가깝고, 나아진 것 같다가도 다시 무너지는 순간이 찾아오는 것은 실패가 아니라 과정의 일부라고 말한다.

괜찮아졌다가 다시 아파도 된다는 허용은, 상실을 겪은 사람에게 큰 위로가 된다. 치유를 포기하지 않게 만드는 힘은 바로 이런 태도에서 나온다는 생각이 들었다.

무엇보다 이 책이 인상 깊었던 이유는 희망을 강요하지 않는 점이었다. “괜찮아질 것이다”라는 말 대신, “지금 아파도 괜찮다”라고 말해 준다. 그 차이는 생각보다 크다.

희망을 직접 말하지 않지만, 희망이 가능해질 수 있는 태도를 보여준다.

이 책은 상실을 극복하라고 강요하는 대신 상실과 함께 살아가는 법을 가르쳐 주었다. 이 책을 덮고 나니, 과거의 상실들이 상처가 아니라 나를 여기까지 데려온 동력이 되었다는 것을 느꼈다.

그리고 그것들을 부정하지 않아도 된다는 사실은 마음을 안도하게 하고, 인정하고, 정리할 수 있게 했다. 무엇보다 내 인생의 다음 장으로 자신감 있게 나아갈 수 있는 용기를 주었다.

좋은 운은 어떻게 만드는가
토미, 《좋은 운은 좋은 사람과 함께 온다》를 읽고

《좋은 운은 좋은 사람과 함께 온다》는 운을 타고나는 행운이나 우연의 결과로 설명하지 않는다. 이 책이 말하는 운은 이미 정해진 몫이 아니라, **살아가는 태도와 사고방식, 그리고 반복되는 선택이 쌓이면서 점점 형태를 갖추는 흐름**에 가깝다.

사람들은 흔히 운을 외부에서 주어지는 변수로 생각하지만, 그 시선을 삶의 내부로 돌려야 한다. 외부에서 어떤 계기가 찾아올 수는 있지만, 그것을 기회로 바꿀 수 있는지는 **결국 그 사람이 어떤 방향으로 살아왔는가**에 달려 있다는 설명은 운이라는 개념을 훨씬 현실적으로 느끼게 만든다.

운명은 기다리는 대상이 아니라, 스스로 만들어 가는 삶의 방향이라는 말은 삶의 책임을 다시 개인에게 돌려놓는다.

저자는 운이 좋은 사람들의 공통된 태도에 주목한다. **그들은 자신이 무엇을 원하는지 비교적 분명히 알고 있으며, 목표 앞에서 쉽게 흔들리지 않는다. 동시에 상황이 달라졌을 때 무작정 고집을 부리기보다, 방향은 유지하되 방식은 조정할 줄 안다.**

확신과 집착을 구분할 줄 아는 태도가 결국 운을 불러오는 힘이 된다는 설명은 설득력 있게 다가왔다. 겉으로 보기에는 운이 좋아서 기회를 잡은 것처럼 보이지만, 실제로는 오랜 시간 축적된 선택의 결과라는 점에서 운은 우연보다 필연에 가깝게 느껴졌다.

자기 자신을 안다는 것은 단순한 자기 긍정과는 다르다. 글에서 말하는 자기 인식은 **나만의 기준을 세우고, 무엇을 원하며 무엇을 원하지 않는지를 분명히 아는 일**이다.

운이 좋은 사람들은 이 기준 위에서 끈기를 발휘한다. 쉽게 포기하지 않지만, 무작정 버티지도 않는다. 상황이 바뀌면 실패로 받아들이기보다, 방법을 조정해야 할 신호로 해석한다. 이런 태도가 반복되면서 결과로 이어지고, 그 결과가 다시 운으로 보이게 된다는 점이 인상 깊었다.

생활 습관에 대한 설명 역시 현실적으로 다가왔다. **규칙적인 생활을 유지하고, 시간 약속을 소홀히 하지 않으며, 돈을 대하는 태도에서도 책임감을 보이는 사람들은 자신의 흐름을 관리할 줄 안다.**

특히 자기 자신을 냉정하게 바라보는 태도가 중요하다는 점이 마음에 남았다. 자기 합리화에 기대기보다, 현재의 상태를, 있는 그대로 점검하는 사람만이 방향을 수정할 수 있기 때문이다. 여기에 더해, 자기 자신에 대한 기록을 멈추지 않는 습관은 운을 만드는 중요한 요소로 제시된다.

기록은 단순한 정리나 메모가 아니다. 감정과 생각을 글로 남기는 순간, 막연했던 불안은 구조를 갖게 되고 문제는 구체화된다.

무엇이 잘못되었는지, 어디서 판단이 흐려졌는지를 확인할 수 있다. 기록은 자신을 객관화하는 동시에, 다시 나아갈 수 있는 동력을 만든다. 운을 기다리는 태도에서 벗어나, 운이 오기 쉬운 환경을 스스로 만들어 간다는 관점은 이 책의 핵심처럼 느껴졌다.

부정적인 감정에 대한 부분도 인상 깊었다. 불안, 분노, 질투, 비교에서 비롯된 감정은 판단을 흐리고 행동을 왜곡한다. 감정에 휘둘린 상태에서 내린 결정은 대부분 후회로 돌아온다는 설명은 일상에서도 쉽게 공감할 수 있었다.

그래서 책은 부정적인 감정이 올라올 때 멈추는 연습이 필요하다고 말한다. 감정을 기록하거나, 하던 일을 잠시 멈추고 사고의 고리를 끊는 태도는 감정이 판단을 대신하지 않도록 돕는다. 이 과정 역시 운을 지키는 하나의 방식이라는 점이 인상적이었다.

또 하나 인상 깊었던 점은 **운이 좋은 사람들을 결과만 보고 부러워하지 말라는 조언이었다.** 그들은 보이지 않는 시간 동안 이미 그만한 노력을 해온 사람들이다.

타인을 질투하는 데 에너지를 쓰기보다, 자신의 기준과 목표에 집중하는 것이 결국 자신의 운을 강화하는 길이라는 말은 비교에 익숙한 태도를 돌아보게 했다. 운은 비교의 대상이 아니라, 축적의 결과라는 문장은 오래 기억에 남는다.

마지막으로 좋은 운이 좋은 사람과 함께 온다는 사실을 강조한다. 감정을 쏟아내기 위해 타인을 이용하거나, 부정적인 관점을 반복적으로 주입하는 사람들은 흐름을 무너뜨린다.

반대로 함께 있을 때 긍정적인 에너지를 주고받고, 일이 잘 풀리는 경험이 늘어나는 사람들은 자연스럽게 서로를 끌어당긴다. 다만 이런 관계는 우연히 주어지지 않는다. 좋은 사람과 함께 하기 위해서는 나 역시 그에 걸맞은 태도를 갖추어야 한다는 점에서, 관계 또한 준비의 영역이라는 생각이 들었다.

이 책을 읽으며 그동안 운을 탓해 왔던 순간들이 떠올랐다. 일이 풀리지 않을 때 환경이나 시기를 핑계로 삼는 것이 얼마나 쉬운 도피였는지도 함께 느껴졌다.

시선을 다시 나 자신에게로 돌려야 한다. 지금의 삶은 어떤 태도의 결과인가라는 질문은 불편하지만 정직하다. 운은 더 이상 막연한 기대가 아니라, 매일의 선택과 태도가 쌓여 만들어지는 결과라는 점에서 오히려 가장 현실적인 개념처럼 느껴졌다.

운이 좋아지고 싶다면, 오늘의 태도부터 점검해야 한다는 이 단순한 진실이 오래 마음에 남았다.

인식과 진실

돈 미겔 루이스, 《이 진리가 당신에게 닿기를》을 읽고

《이 진리가 당신에게 닿기를》은 우리가 너무 당연하게 믿고 살아온 진실이라는 개념에 질문을 던지는 글이다.

태어나는 순간 인간은 그 자체로 완결된 존재였지만, 성장하면서 언어와 개념, 사회적 기준을 배우는 과정 속에서 점점 존재보다 해석을 더 신뢰하게 되었다는 문제 제기는 인상적으로 다가왔다.

세상을 이해하기 위해 언어를 사용하지만, 어느 순간부터 언어가 곧 세상이라고 믿으며 살아간다. 우리가 진실이라고 여겨 온 것들이 과연 절대적인 진실인지, 아니면 다수가 동의했기 때문에 진실처럼 작동해 온 허상인지 묻는다.

책은 우리가 배우는 지식이 반드시 진실이기 때문에 가치 있는 것이 아니라, 사회적으로 합의되었기 때문에 진실처럼 기능한다고 말한다.

언어와 기호는 세상을 설명하는 도구이지만 동시에 인식을 제한하는 틀이 된다. 우리는 그 틀 안에서만 보고 판단하며, 그 기준으로 자신을 규정한다.

그렇게 형성된 세계는 실제 세계라기보다 해석된 세계에 가깝다. 문제는 우리가 그 차이를 인식하지 못한 채 살아간다는 점이다. 그래서 더 다양한 지식을 쌓는 것보다, 인식의 방향을 바로잡는 일이 더 중요하다고 강조한다.

이를 위해 글은 다섯 가지 지혜를 제시한다. 그 지혜들은 삶을 더 잘 꾸미는 방법이 아니라, 삶을 있는 그대로 회복하기 위한 태도에 가깝다.

첫 번째 지혜는 흠결 없는 언어로 말하라는 것이다. 인간은 언어를 배우기 전에는 자신을 평가하지 않았다. 그러나 언어를 익히면서 우리는 자신을 비교하고 판단하며, 자신을 규정하는 법을 배웠다.

"나는 부족하다", "나는 원래 이렇다"라는 말은 사실이라기보다 학습된 신념에 가깝다. 그럼에도 우리는 그 말을 진실처럼 받아들이며 살아간다. 언어가 곧 자신이므로 자기 자신에게 건네는 말이 삶의 질을 결정한다고 말한다.

두 번째 지혜는 어떤 것도 개인적으로 받아들이지 말라는 것이다. 우리는 타인을 있는 그대로 보기보다, 자신이 만들어낸 이미지로 해석한다.

마찬가지로 타인 역시 우리를 실제 모습이 아니라, 자기 기준으로 바라본다. 심지어 우리 자신조차도 과거의 경험과 타인의 평가로 만들어진 이야기 속의 나를 진짜 자신이라고 믿고 살아간다.

이런 상태에서는 모든 사건을 개인의 문제로 해석하게 되고, 불필요한 상처가 반복된다. 각자가 자기만의 세계를 살고 있을 뿐이라는 사실을 인식할 때, 우리는 비로소 많은 짐에서 벗어날 수 있다.

세 번째 지혜는 함부로 추측하지 말라는 것이다. 우리는 아직 일어나지 않은 일을 미리 상상하며 고통을 키운다. '만약에'라는 가정은 현실이 아닌 생각 속에서 불안을 증폭시킨다.

이 책에서는 추측 대신 질문을 선택하라고 조언한다. 모를 때는 물어보고, 불분명할 때는 확인하는 태도가 불필요한 고통을 줄여 준다는 설명은 매우 현실적으로 느껴졌다. 이 원칙은 타인뿐 아니라, 자기 자신을 대하는 태도에도 적용된다.

네 번째 지혜는 항상 최선을 다하라는 것이다. 여기서 말하는 최선은 완벽함이 아니라, 지금 알고 있는 것을 행동으로 옮기는 태도다. 우리는 많은 것을 알고 있지만, 실제 삶은 쉽게 바뀌지 않는다.

사고방식과 습관은 오랜 시간에 걸쳐 형성되었기 때문이다. 그래서 작고 지속 가능한 변화부터 시작하라고 한다. 지금 할 수 있는 만큼, 지금의 자리에서 진심을 다하는 태도가 결국 삶의 방향을 바꾼다는 설명은 부담 없이 다가왔다.

다섯 번째 지혜는 의심하되 경청하라는 것이다. 진실은 맹신에서 나오지 않는다. 모든 메시지와 개념을 그대로 받아들이기보다, 열린 태도로 듣고 스스로 판단하는 능력이 필요하다는 말은 인식의 주도권을 다시 개인에게 돌려준다. 이름과 개념 이전의 경험을 신뢰하는 태도, 해석보다 인식을 우선하는 시선은 삶을 훨씬 가볍게 만든다.

이 책을 읽고 난 뒤 남은 감정은 가뿐함이었다. 더 나아져야 한다는 압박이 아니라, 이미 충분하다는 자각에서 오는 가벼움, 홀가분함이었다.

삶을 바꾸려고 애쓰지 말고 바라보는 방식을 바꾸라고 말한다.

무엇을 진실로 믿고 살아왔는지를 돌아보는 순간, 삶은 자연스럽게 다른 모습으로 보이기 시작한다는 메시지가 인상 깊었다.

나를 더 증명하지 않아도, 더 설명하지 않아도 된다는 사실은 큰 위안으로 남았다. 내가 지금 믿고 있는 진실은 과연 나를 자유롭게 하고 있는가. 이 책을 통해 얻은 질문은 쉽게 사라지지 않을 것 같다.

생각의 구조를 들여다보다
김경일 외, 《인지심리학은 처음이지?》를 읽고

《인지심리학은 처음이지?》는 심리학이 인간을 이해하려는 학문이라는 가장 기본적인 질문에서 출발하지만, 그 접근 방식은 다소 낯설다.

이 책은 인간의 지성을 찬미하기보다, **인간이 얼마나 자주 착각하고 그 착각을 얼마나 쉽게 진실로 믿는지**를 보여준다.

우리는 하루에도 수없이 생각하고 판단하며 선택하지만, 그 생각이 어떤 과정을 거쳐 만들어지는지 깊이 들여다볼 기회는 많지 않다. 인지심리학은 그 지점을 파고들며, 인간의 사고가 얼마나 체계적으로 오류를 반복하는지 드러낸다.

책을 읽으며 인상 깊었던 점은 **인간이 생각하기 때문에 오히려 착각한다**는 관점이었다. 우리는 생각하는 존재이기 때문에 합리적일 것이라 믿지만, 실제로는 생각하는 방식 자체가 오류를 만들어낸다.

그래서 인지심리학은 정답을 제시하기보다, 우리가 왜 틀릴 수밖에 없는지를 설명한다. 인간의 기억과 학습, 판단이 각각 따로 작동하는 것이 아니라 하나의 연결된 체계 안에서 서로 영향을 주고받는다는 설명은 생각의 구조를 한 단계 떨어져 바라보게 만든다.

중다 기억장치 모형에 대한 설명은 기억이 결코 단순한 저장이 아니라는 사실을 보여준다. 외부에서 들어온 정보는 감각 기억에 잠시 머문 뒤, 주의를 받은 일부만 다음 단계로 이동한다.

이 과정에서 인간은 본능적으로 흥미롭거나 감정적으로 반응하는 자극에 더 쉽게 주의를 기울인다. 즐거운 일이나 위협적인 정보에 집중이 잘 되는 이유도 여기에 있다.

하지만 주의받았다는 사실이 곧 중요하다는 의미는 아니라는 점에서, 인간의 판단이 얼마나 쉽게 왜곡될 수 있는지도 함께 드러난다.

주의를 받은 정보는 지각 과정을 거치며 해석된다. 지각은 현실을 그대로 받아들이는 과정이 아니라, 과거의 경험과 지식, 감정 상태를 바탕으로 정보를 재구성하는 과정이다. 같은 장면을 보고도 사람마다 전혀 다른 기억을 갖는 이유가 여기에 있다.

우리는 객관적인 현실을 기억한다고 믿지만, 실제로는 해석된 현실을 저장한다는 점은 기억에 대한 인식을 바꾸어 놓았다. 이처럼 지각된 정보는 작업 기억으로 이동해 처리되는데, 이 작업 기억은 용량과 지속 시간이 매우 제한적이다.

작업 기억의 한계는 학습 방식과도 깊이 연결된다. 인간이 한 번에 많은 정보를 처리하지 못하는 이유는 단순히 능력이 부족해서가 아니라, 구조적으로 그렇게 설계되어 있기 때문이다.

이를 보완하기 위해 필요한 것이 정보를 의미 단위로 묶는 과정이다. **단순 암기가 아니라 조직화와 정교화를 통해 정보를 기존 지식과 연결할 때, 기억은 장기 기억으로 저장된다.** 이 설명은 학습이 노력의 문제가 아니라, 방식의 문제라는 점을 분명히 해 준다.

범주화에 대한 설명 역시 흥미로웠다. 인간은 세상을 이해하기 위해 대상을 범주로 묶는다. 이는 복잡한 정보를 빠르게 처리하고 의사소통을 효율적으로 만드는 장점이 있다.

그러나 동시에 범주화는 다양성을 단순화하고 예외를 지워 버린다. 이 과정에서 편견과 고정관념이 생겨난다. 인지심리학은 범주화의 편리함을 부정하지 않으면서도, 그것이 가진 위험을 인식하라고 말한다. 이 균형 잡힌 시선이 인상 깊었다.

기억은 저장으로 끝나지 않는다. 필요할 때 꺼내 쓸 수 있어야 비로소 지식이 된다. 장기 기억에 저장된 정보라도 인출되지 않으면 사실상 없는 것과 다르지 않다.

문제 풀이, 설명하기와 같은 활동이 중요한 이유도 여기에 있다. 이 과정은 단순한 복습이 아니라 인출 연습이며, 학습의 완성 단계에 가깝다. 기억한다는 것은 알고 있다는 느낌이 아니라, 실제로 사용할 수 있는 상태라는 점이 분명해졌다.

메타인지에 대한 설명은 학습뿐 아니라 삶 전반에도 적용될 수 있는 통찰처럼 느껴졌다. 우리는 익숙하다는 이유만으로 알고 있다고 착각한다. 그러나 진짜 이해는 설명할 수 있을 때 확인된다.

스스로 무엇을 알고 무엇을 모르는지를 점검하는 태도가 빠질 때, 학습은 쉽게 효율을 잃는다. 이 부분을 읽으며, 안다는 느낌에 얼마나 자주 속아 왔는지 돌아보게 되었다.

의지력에 대한 설명도 현실적이었다. 목표를 달성하려면 의지가 필요하지만, 의지는 무한하지 않다. 무턱대고 사용하면 쉽게 고갈된다.

그래서 이 책은 의지에 기대기보다, **작은 행동을 반복해 습관으로 만드는 구조를 강조한다.** 좋은 학습과 바람직한 삶은 개인의 결심보다 환경과 반복의 문제라는 설명은 부담 없이 고개를 끄덕이게 만든다.

망각에 대한 부분에서는 인간의 기억이 얼마나 불완전한지도 드러난다. 기억은 시간이 지나면서 사라지기도 하지만, 새로운 정보가 기존 기억을 방해하는 간섭의 영향이 더 크다. 멀티태스킹이 어려운 이유도 여기에 있다. 이 설명은 집중의 중요성을 이론적으로 이해하게 했다.

이 책이 흥미로운 점은 인지심리학이 개인의 사고를 넘어서 인간관계까지 설명한다는 점이다. 많은 갈등은 논리의 충돌이 아니라, 각자가 지닌 기억과 경험의 충돌에서 비롯된다.

우리는 자신의 판단을 객관적이라고 믿지만, 그 판단은 언제나 개인의 상태와 맥락을 반영한다. 이 사실을 인식하는 것만으로도 관계를 대하는 태도는 달라질 수 있다.

가장 크게 느낀 점은 인간이 얼마나 쉽게 자신을 믿는 존재인가 하는 사실이었다. 인지심리학은 인간을 완벽하게 만들지는 않지만, 적어도 자신의 오류를 인식하게 만든다.

그 점에서 이 학문은 단순한 이론이 아니라, 삶을 다루는 하나의 도구처럼 느껴졌다. 자신의 생각을 한 번 더 의심해 볼 수 있게 만든다는 점에서, 인지심리학은 충분히 가치 있는 학문이라는 생각이 오래 남았다.

도움과 책임의 경계에서
수전 J. 누난,
《우울한 사람 곁에서 무너지지 않게 도움 주는 법》을 읽고

《우울한 사람 곁에서 무너지지 않게 도움 주는 법》은 우울증을 단순한 기분 저하나 개인의 나약함으로 설명하지 않는다.

이 책이 말하는 우울증은 끝이 보이지 않는 터널에 들어선 것 같은 상태이며, 현재의 고통에서 벗어날 수 있다는 가능성조차 느껴지지 않는 심리적 감각에 가깝다.

무엇보다 인상 깊었던 점은 우울증이 의지의 문제가 아니라는 사실을 분명히 한다는 점이다. 우울증은 완치와 회복이라는 일반적인 병과 같은 방법으로 설명되지 않으며, 재발과 완화를 반복하는 만성적 경과를 보이는 질환이다.

유전적 취약성과 삶에서 겪는 다양한 사건들이 상호작용을 하며 뇌 신경계에 영향을 미쳐 나타난다는 설명은, 이 문제를 도덕이나 성격의 차원이 아닌 질병의 영역에서 바라보게 만든다.

우울증의 증상은 우리가 흔히 떠올리는 슬픔보다 훨씬 복합적이다. 슬픔보다는 불안, 짜증, 분노, 초조함이 더 두드러지게 나타나는 경우도 많고, 이러한 감정 변화는 행동의 변화로 이어진다.

약물 남용이나 과도한 음주, 충동적인 행동, 자살에 관한 생각이나 시도가 동반되기도 한다. 사고 과정이 왜곡되면서 현실을 객관적으로 바라보는 능력이 약화하고, 신체적으로도 여러 문제가 함께 나타난다.

말투와 행동이 이전과 달라지면서 주변 사람들은 '사람이 변했다'라고 느끼게 되지만, 그 변화가 게으름이나 무책임이 아니라 질병의 증상임을 인지해야 한다.

이러한 상태가 지속되면 사회적 관계는 자연스럽게 축소된다. 사람들과의 만남을 피하고, 가족이나 친구와의 연락을 끊거나 최소화하며, 수면과 식사 같은 기본적인 생활 리

듬도 무너진다.

겉으로 보기에는 의욕이 없어 보이기 때문에 주변에서는 쉽게 판단하고 오해하지만, 그러한 시선이 얼마나 위험한지를 조심스럽게 짚어낸다. 보이는 행동만으로 사람을 평가하는 태도가, 우울증 환자를 더 깊은 고립으로 밀어 넣을 수 있다는 점에서 이 부분은 특히 인상 깊었다.

우울증은 초기에 발견해 치료하면 비교적 빠르게 호전될 수 있지만, 만성화되면 단기간에 해결되기를 기대해서는 안 된다.

치료는 직선적으로 나아가는 과정이 아니라 오르내림을 반복하는 여정에 가깝다. 문제는 모든 환자가 치료를 기꺼이 받아들이지는 않는다는 점이다.

특히 스스로 문제를 해결해 온 사람일수록 도움을 요청하는 일을 실패나 취약함으로 인식해 치료를 거부하는 경우가 많다. 이들은 자신을 실패자로 규정하며, 더 깊은 고립으로 들어간다.

이 대목에서 우울증이 개인의 문제가 아니라 관계의 문제로 확장된다는 느낌을 받았다.

이 지점에서 책은 보호자의 역할을 본격적으로 다룬다.

보호자는 치료자가 되어서는 안 되며, 조언하거나 고쳐주려 하기보다 환자가 일상을 유지할 수 있도록 돕는 사람이 되어야 한다는 점을 분명히 한다.

이를 위해 가장 먼저 필요한 것은 우울증에 대한 정확한 인식이다. 병을 **의지의 문제로 보지 않고 질환으로 받아들이는 태도**가 선행되어야 하며, 환자가 신뢰를 느끼고 자발적으로 치료에 참여할 수 있도록 환경을 조성하는 것이 보호자의 핵심 역할이라고 설명한다.

구체적으로 보호자가 할 수 있는 행동들은 현실적이고 조심스럽다. 규칙적인 생활과 가벼운 운동을 유지하도록 돕고, 과거에 즐거움을 느꼈던 활동을 다시 시도해 보도록 권하되, 강요가 아니라 제안의 형태를 유지해야 한다고 말한다.

무엇보다 중요한 것은 판단하지 않는 태도다. "왜 그렇게 생각하느냐", "그 정도는 다 견딘다"와 같은 말은 선의일지라도 환자에게 상처가 될 수 있다. 대신 말을 **끝까지 듣고, 감정을 공감하며, 사랑과 지지를 표현하는 태도가 필요하다**는 점은 관계를 돌아보게 만든다.

환자가 자기 생각을 표현할 수 있도록 질문을 던지고, 그 말을 가볍게 넘기지 않는 자세도 중요하다. 특히 자살에 대한 언급이 있었다면 이를 대수롭지 않게 넘겨서는 안 되며, 적극적인 개입과 주의가 필요하다고 강조한다. 이는 과잉 반응이 아니라 생명을 지키는 책임이라는 설명은 보호자의 역할이 절대 가볍지 않다는 사실을 실감하게 한다.

그러나 **이 모든 과정에서 가장 인상 깊었던 메시지는 보호자의 삶을 지켜야 한다는 원칙이었다. 환자를 돌본다는 이유로 자신의 삶을 완전히 희생해서는 안 되며, 보호자가 먼저 무너지면 그 관계는 지속될 수 없다**는 말은 현실적이면서도 용기 있는 조언처럼 느껴졌다.

보호자의 삶을 최우선에 두는 태도는 이기심이 아니라, 장기적인 돌봄을 가능하게 하는 조건이라는 점에서 깊은 공감을 불러왔다.

물론 보호자의 노력만으로는 충분하지 않다. 전문가의 치료가 반드시 병행되어야 한다는 점도 분명히 한다. 약물치료와 상담치료는 회복의 중요한 축이며, 회복이란 단순히 증상이 사라지는 상태가 아니라 삶의 목적과 방향을 다시 찾아가는 과정이라고 설명한다.

이전의 나로 돌아가는 것이 아니라, 상처를 통과한 새로운 나로 살아가는 것이 회복이라는 관점은 희망적으로 다가왔다.

가장 인상깊게 남은 생각은, 우리가 우울증을 대하는 태도가 얼마나 쉽게 폭력적이 될 수 있는가 하는 점이었다. 선의로 건넨 말과 조언이 오히려 환자를 더 고립시키는 경우가 많다는 사실은 불편하지만 중요한 지점이다.

판단하지 않고, 존중하며, 경청하고, 정서적으로 지지하는 태도 자체가 이미 치유의 일부라는 메시지는 우울증 환자뿐 아니라, 부정적인 감정을 지닌 모든 사람에게 적용될 수 있는 원칙처럼 느껴졌다.

이 책은 도움을 주는 방법을 말하지만, 동시에 관계를 지키는 법에 대해 깊이 생각하게 만들어주었다

사유의 노트 #1

장 자크 루소
자연에서 출발해 사회를 의심한 사상가

불평등한 사회 앞에서 던진 근본 질문

장 자크 루소(Jean-Jacques Rousseau, 1712~1778)는 계몽주의 시대를 대표하는 사상가이지만, 동시에 그 시대의 낙관을 가장 날카롭게 의심한 인물이었다.

이성과 진보가 인간을 더 나은 존재로 만든다고 믿던 18세기 유럽에서, 그는 오히려 문명과 제도가 인간을 타락시키고 있다고 보았다.

왜 인간은 사회 안에서는 끊임없이 묶이는가?

왕정과 귀족, 신분제가 지배하던 프랑스 사회에서 불평등은 일상적인 질서였다. 루소는 이 불평등이 자연이 아니라, 인간이 만들어낸 사회적 장치에서 비롯되었다고 보았다.

그는 인간이 어떻게 이 지점까지 오게 되었는지를 거꾸로 추적하며, '사회 이전의 인간'을 상상하기 시작했다. 루소의 사상은 제도를 당연하게 받아들이던 시대에, 제도 자체를 의심하게 만든 급진적인 질문에서 출발했다.

자연인, 불평등, 일반의지

루소의 사상을 관통하는 핵심은 세 가지 개념으로 요약된다.

첫째, **자연인**이다. 루소가 말한 자연인은 문명 이전의 원시적 존재가 아니라, 비교와 경쟁, 소유의 논리에서 아직 자유로운 인간이다.

그는 인간이 본래부터 이기적인 존재가 아니라, 동정과 연민의 감정을 지닌 존재라고 보았다.

둘째, **불평등의 기원**이다. 루소는 인간 사이의 불평등이 자연에서 비롯된 것이 아니라, 사유재산과 제도의 형성 과정에서 만들어졌다고 분석했다.

"이 땅은 내 것이다"라고 처음 말한 사람이 사회적 불평등의 출발점이 되었다는 그의 문장은, 소유가 인간 관계를 어떻게 바꾸었는지를 상징적으로 보여준다.

셋째, **일반의지**이다. 루소에게 정치 공동체는 단순한 계약 집합이 아니라, 개인들이 공동선을 향해 스스로를 규율하는 하나의 집단적 의지였다.

그는 진정한 자유는 마음대로 하는 상태가 아니라, 공동의 규칙에 스스로 동의하고 따르는 상태라고 보았다.

사회는 어떻게 인간을 묶는가

루소의 이론은 사회가 중립적인 틀이 아니라, 인간의 욕망과 관계를 재구성하는 힘이라는 점을 보여준다.

자연 상태에서 인간은 타인과 자신을 비교하지 않는다. 그러나 사회에 들어오면서 인간은 끊임없이 평가받고, 서열화되며, 인정받기 위해 경쟁하게 된다.

이 과정에서 자유는 점점 외부 기준에 의해 규정된다. 루소가 보기에 인간은 제도를 만들었지만, 어느 순간부터 그 제도에 의해 규정되는 존재가 되었다.

불평등은 단지 경제적 격차의 문제가 아니라, 인간이 스스로를 바라보는 방식이 달라진 결과였다.

그는 사회를 해체하자고 말하지 않았다. 대신, 어떤 사회가 인간의 자유를 키우고, 어떤 사회가 그것을 억압하는지를 묻도록 만들었다. 루소의 급진성은 파괴가 아니라, **기준을 다시 묻는 데** 있었다.

성취와 비판, 그리고 긴장

루소의 사상은 프랑스 혁명에 지대한 영향을 주며, 평등과 주권이라는 정치적 이상을 확산시키는 데 기여했다. 개인이 아닌 '인민'이 주권의 주체라는 생각은 이후 민주주의 이론의 핵심이 되었다.

그의 이론은 위험한 지점도 함께 품고 있다. 일반의지가 언제나 옳다고 가정될 경우, 그것은 개인의 자유를 억압하는 새로운 권력이 될 수 있다. 실제로 역사에서 '공동의 이름'으로 개인이 희생된 사례들은 이 긴장의 현실적 모습을 보여준다.

루소는 자유를 말했지만, 그 자유는 언제나 공동체라는 틀 안에서만 가능하다고 보았다. 그의 사상은 이상과 통제 사이의 경계 위에 서 있다.

오늘, 우리는 어떤 계약 속에 있는가

루소의 질문은 여전히 유효하다. 우리는 자유롭다고 느끼지만, 동시에 수많은 기준과 규칙 속에서 살아간다. 성과, 이미지, 경쟁, 인정의 구조는 18세기보다 훨씬 정교해졌다.

루소가 묻고자 한 것은 단순히 제도를 없애자는 주장이 아니라, **그 제도가 누구를 위한 것인지**였다.

지금 우리가 따르는 규칙들은 정말 우리의 동의 위에 서 있는가, 아니면 이미 주어진 질서를 그냥 받아들이고 있는가.

사유의 노트 #2

에밀 뒤르켐
개인을 넘어 작동하는 사회를 발견한 사상가

사회를 '사실'로 본 최초의 시선

에밀 뒤르켐(Émile Durkheim, 1858~1917)은 사회를 개인들의 집합이 아니라, 개인을 넘어 작동하는 하나의 힘으로 바라본 최초의 사회학자였다.

그는 사회를 감정이나 도덕의 문제로 다루지 않고, **관찰하고 분석할 수 있는 사실**로 규정했다. 이것이 그의 가장 중요한 출발점이다.

19세기 말 프랑스는 산업화와 도시화로 급격한 변화를 겪고 있었다. 전통 공동체는 해체되고, 종교와 관습의 영향력은 약해졌으며, 개인은 이전보다 더 많은 선택의 자유를 갖게 되었다.

그러나 그 자유는 동시에 불안과 고립을 낳았다. 뒤르켐은 이 혼란을 개인의 성격이나 의지 문제로 설명하는 방식에 반대했다.

이 혼란은 개인의 문제가 아니라, 사회의 구조적 변화에서 비롯된 것은 아닐까.

사회적 사실, 연대, 아노미

뒤르켐의 이론을 지탱하는 핵심 개념은 세 가지다.

첫째, **사회적 사실**이다. 법, 도덕, 관습, 규범은 개인의 바깥에 존재하며, 개인에게 강제력을 행사한다. 우리는 태어나자마자 이미 만들어진 규칙 속으로 들어온다. 뒤르켐에게 사회는 개인의 선택이 아니라, 개인을 규정하는 조건이었다.

둘째, **연대**이다. 그는 사회가 유지되는 방식이 시대에 따라 달라진다고 보았다. 전통 사회에서는 비슷한 삶과 가치가 사람들을 묶는 **기계적 연대**가 작동했지만, 분업이 발달한 근대 사회에서는 서로 다른 역할이 서로를 필요로 하는 **유기적 연대**가 중심이 된다.

셋째, **아노미**이다. 규범이 약해지거나 기준이 붕괴된 상태를 뜻한다. 빠른 변화 속에서 사회가 더 이상 개인에게 방향을 제시하지 못할 때, 사람들은 무엇을 원해야 하는지조차 모르게 된다.

자살로 본 사회의 얼굴

뒤르켐은 자살이라는 극단적인 현상을 통해 사회의 작동 방식을 분석했다. 그는 자살이 개인의 심리 문제가 아니라, 사회적 통합과 규제의 정도에 따라 달라진다는 점을 통계로 입증했다. 사회적 유대가 약할수록 자살률은 높아졌고, 규범이 무너질수록 사람들은 방향을 잃었다.

이 분석은 충격적이었다. 인간의 가장 개인적인 선택처럼 보이던 죽음조차, 사회 구조의 영향을 받는다는 사실을 보여주었기 때문이다. 뒤르켐에게 사회는 배경이 아니라, 개인의 삶을 보이지 않게 조정하는 힘이었다.

질서의 옹호자라는 비판

뒤르켐의 이론은 사회 질서의 중요성을 강조했지만, 동시에 비판도 받았다. 그는 개인의 갈등과 저항보다, 통합과 안정에 더 큰 가치를 두었다. 그래서 그의 사회학은 때때로 기존 질서를 정당화하는 도구로 오해되기도 했다.

그러나 뒤르켐의 관심은 통제가 아니라, **붕괴의 위험**이었다. 그는 규범이 사라진 사회가 개인에게 더 큰 고통을 안긴다고 보았다. 그의 문제의식은 자유를 억압하려는 것이 아니라, 자유가 유지되기 위한 최소한의 틀을 찾으려는 데 있었다.

불안한 시대에 던지는 질문

오늘날 우리는 선택의 자유를 말하지만, 동시에 기준을 잃은 채 살아간다. 경쟁은 치열해졌고, 소속은 약해졌다. 뒤르켐의 아노미 개념은 이 시대를 설명하는 가장 정확한 언어 중 하나다.

그는 사회는 개인의 바깥에 있지만, 동시에 개인의 안에서 작동한다고 주장했다. 우리가 느끼는 불안과 혼란은 개인의 약함이 아니라, **사회가 방향을 잃고 있다는 신호**일 수 있다.

뒤르켐의 시선은 우리에게 묻는다.

지금 이 사회는, 우리를 지탱하고 있는가. 아니면 흔들고 있는가.

사유의 노트 #3

피에르 부르디외
보이지 않는 구조로 삶을 설명한 사회학자

선택처럼 보이는 것들의 출발선

피에르 부르디외(Pierre Bourdieu, 1930~2002)는 사람들이 자신의 삶을 '선택의 결과'라고 믿는 순간부터 사회는 이미 작동하고 있다고 보았다. 우리는 스스로 판단하고 결정한다고 느끼지만, 그 판단의 기준과 감각 자체가 어디서 왔는지는 거의 묻지 않는다.

부르디외의 질문은 단순하다.

왜 어떤 선택은 자연스럽고, 어떤 선택은 불편하게 느껴지는가.

그는 이 차이가 개인의 취향이 아니라, 사회적 조건의 산물이라고 보았다. 부르디외의 사회학은 '보이지 않는 출발선'을 드러내는 작업에서 시작한다.

아비투스, 장, 자본

부르디외의 이론은 세 개의 개념으로 구조화된다.

첫째, **아비투스**이다. 이는 개인 안에 축적된 사고방식, 몸짓, 취향, 감각의 체계다. 우리는 그것을 '성격'이나 '취향'이라 부르지만, 부르디외에게 그것은 사회가 개인 안에 남긴 흔적이다.

둘째, 장(field)이다. 사회는 하나의 공간이 아니라, 교육, 예술, 정치, 경제처럼 서로 다른 규칙을 가진 장들의 집합이다. 각 장에는 고유한 경쟁 방식과 권력 구조가 존재한다.

셋째, **자본**이다. 자본은 돈만이 아니다. 학력, 말투, 네트워크, 문화적 취향까지 모두 자본이 될 수 있다. 어떤 자본을 얼마나 가지고 있는지가, 우리가 어느 위치에서 출발하는지를 결정한다.

계급은 재생산된다

부르디외는 불평등이 단순히 개인의 노력 부족에서 비롯되지 않는다고 보았다. 학교는 능력을 평가하는 곳처럼 보이지만, 실제로는 특정 계급의 문화와 언어를 기준으로 삼는다. 그 결과, 이미 유리한 위치에 있는 사람들은 다시 유리해지고, 그렇지 않은 사람들은 더 멀어진다.

이 과정은 노골적인 차별이 아니라, **자연스러운 것처럼 보이는 방식**으로 이루어진다. 그래서 사람들은 자신의 위치를 구조가 아니라, 자기 자신 탓으로 돌리게 된다. 부르디외는 이 보이지 않는 재생산의 메커니즘을 해부했다.

구조를 말하는 사람의 한계

부르디외는 구조의 힘을 강조했지만, 그만큼 개인의 변화 가능성을 과소평가했다는 비판도 받았다. 그의 이론은 때로 인간을 너무 결정된 존재처럼 보이게 만든다.

그러나 그의 목적은 체념이 아니라, **착각의 해체**였다. 우리는 자유롭다고 믿지만, 그 자유가 어디까지인지 점검하지 않는 한, 구조는 계속 작동한다. 부르디외는 선택의 환상을 벗겨내고, 조건을 인식하게 만들고자 했다.

지금, 우리는 어디에 서 있는가

부르디외의 질문은 지금도 유효하다. 우리가 선호하는 것, 꺼리는 것, 편안하게 느끼는 공간과 사람들은 정말 나의 것인가, 아니면 내가 속한 조건이 만들어낸 감각인가.

그는 우리는 구조 안에 있지만, 구조를 이해하는 순간부터 다른 선택의 가능성도 열린다는 점을 강조한다.

부르디외의 사회학은 우리에게 묻는다.

지금 당신이 서 있는 이 자리는, 어디에서 시작되었는가.

2부

노스탤지어, 2026 is new 2016

노스탤지어, 이른바 향수라는 단어는 '지나간 것에 대한 그리움'을 가리키는 용어이다. 누구나 찍었던 사진, 예전에 사용하던 물건들을 보면서 과거를 떠올려 보게 되는 경험이 있을 것이다.

이처럼 물건, 장소, 음악과 같이, 어떤 것이든 모두 향수의 대상이 될 수 있고, 이런 향수라는 감정은 과거에 대한 그리움과 어렴풋한 애틋함, 그리고 추억이 혼재된 독특한 소용돌이라는 점에서, 많은 사람에게 특별한 감정으로 받아들여진다.

이런 향수가 가지고 있는 재미있는 특성이 있는데, 바로 내가 경험해 보지 않은 것, 현실에 존재하지 않는 것에 대해서도 향수를 느낄 수 있다는 것이다. 이를 보여 주는 예가 바로 '드림코어'라고 하는 예술의 한 장르이다.

드림코어는 이름에서 알 수 있듯이 꿈속, 혹은 상상 속에서나 존재할 법한 환상적, 비현실적인 감성을 이르는 말로, 이미지와 오디오, 혹은 그 둘이 합쳐진 형태로 나타난다.

드림코어의 이미지를 인식하게 될 때 체험자는 묘한 기이함, 아련함을 비롯한 복합적인 감상을 받게 되며, 현실에 결코 존재할 수 없는 풍경이라는 것을 인지하면서도 현실과 상상의 경계에서 왠지 모를 향수도 체험하게 된다.

창작자들은 현실과 괴리된 몽환적 분위기를 연출하기 위해 주로 파스텔 같은 따뜻한 색감의 하늘, 일몰, 무지개, 천체, 자연 경관 등을 소재로 삼는다.

여기에 '리미널 스페이스'라는 지극히 친숙하고 일상적이면서도 어딘가 낯설고 기이하게 느껴지는 공간을 같이 활용하여 그 효과를 강화하기도 한다.

이런 현상에 있어 나는 서로 다른 사람들이 어떠한 공유할 수 있는, 공통된 심상을 각자가 똑같이 가지고 있는 것이 아닐까 하는 생각을 하게 되었다.

서로 다른 것을 보고 듣고 경험해 온 사람들이 하나의 이미지에서 같은 감상을 발견하게 되는 것은 참 기묘하면서도 흥미로운 것이 아닐 수 없다.

향수와 연관된 또 다른 인상적인 사례가 있다. 바로 '2026 is new 2016'이라는 문구이다.

이는 SNS의 주류 이용층인 20~30대 사이에서 2025년 말부터 떠오른 문구로, 새로운 해인 2026년에 마치 과거로 돌아간 것처럼 지난 2016년의 트렌드를 현재에 다시 데려다 놓고자 하는 흐름을 나타내는 말이다.

당시 유행했던 마네킹 챌린지, 아이스 버킷 챌린지 같은 소셜 미디어의 현상들부터 Clash Royale, Marvel Studios를 비롯한 게임, 영화, Marshmello와 DJ Snake의 음악까지, 과거에 나누고 누렸던 것을 현재에 소환해 다시 즐기는 사람들을 많이 관찰할 수 있다.

그렇다면 이런 현상이 갑자기 나타나게 된 이유가 무엇일까? 주된 요인은 바로 코로나, 그리고 SNS 문화의 변화라고 할 수 있다.

먼저, 2019년부터 시작된 코로나는 사람들을 각자의 공간에 가두었고, 세상을 폐쇄적으로 만들었다. 세상은 짧은 시간에 돌이킬 수 없을 정도로 너무나 달라져 버렸다.

사람들의 일상을 파괴하고 많은 것들을 박탈해갔다. 이런 시기가 몇 년이나 이어지면서 자연스럽게 사람들의 과거에 대한 그리움은 커질 수밖에 없었다.

그리고 다른 주요한 요인인 SNS 문화의 변화이다. 2010년대부터 스마트폰의 등장과 함께 SNS는 폭발적인 성장을 이루게 되었다.

빠르게 규모가 커지며 트렌드의 중심으로 서게 된 SNS는 점점 각종 부작용을 낳게 된다. 익명성, 비대면성에 기인한 공격적이고 냉소적인 문화, 이용자의 저연령화에 따른 문제들이 나타난다. AI의 기술을 활용한, 소위 'Brainrot'으로 대표되는 무분별하고 무의미한 콘텐츠의 양산까지 다양하다.

확실히 많은 사람에게 거부감을 일으키는 방향으로 SNS는 병들어가고 있다고 할 만하다.

여기에 지친 사람들이 하나둘씩 나타난다. 현재의 20~30대들은 자신들이 10~20대 시기를 보냈던 코로나 이전의

2010년대 전반에 대한 그리움을 토로하고 공유하기 시작했다.

과거 유행했던 영상, 음악, 사진을 올리고 다른 사람들과 나누는 과정에서, 이런 감상은 점점 많은 사람에게서 큰 공감을 불러일으켰고, 같은 세대에 속하는 사람들에게 집단적 향수를 불러일으키기에 충분했다.

이런 흐름 속에서 '2026 is new 2016'이라는 문구가 점점 퍼지게 된 것이다. 또 이를 부모님 세대에 빗대어, '2016 is our 1980s'이라는 재미있는 표현도 등장하게 되었다.

이 현상은 나에게는 매우 즐겁고 공감이 많이 되는 사례로 다가왔다. 일단 나부터 해당 흐름의 중심인 Z세대의 구성원이기도 함과 동시에, 이전부터 중학교 시기인 2010년대 중후반에 대해 항상 개인적인 그리움과 좋은 기억들이 있었다.

이런 사람이 나뿐만이 아니라는 것을 확인할 수 있는 계기였다는 점에서도 인상적이었다.

얼굴도 모르는 SNS상의 사람들이 모여 함께 지나왔던 시기에 대해 그저 좋은 기억만을 나눌 수 있다는 것이 참 따뜻하게 다가왔다.

미래에는 과거의 어느 시점을 또 추억하고 있을까. 역시 미래를 마주하는 가장 좋은 방법은 현재를 충만하게 살아내는 것이 다름이 아닐 것 같다.

사람의 흐름을 읽어라
최진석, 《인간이 그리는 무늬》를 읽고

우리가 살아가는 모든 길이 곧 인문이며, 그것을 이해하고 탐구하는 것이 인문학이다. 문(文)이란 본래 무늬라는 뜻을 지닌다.

인문(人文)이란 인간이 남기는 무늬, 다시 말해 인간의 결이자 동선이라 할 수 있다. 인문학은 인간이 그려 온 무늬의 정체를 탐구하는 학문이며, 인간이 어떻게 움직이고 어떤 방향으로 나아가는지를 이해하려는 노력이다.

인문학을 배우는 목적 역시 인간의 삶이 만들어내는 패턴과 흐름을 읽기 위함에 있다.

인문학은 고매한 이론이나 어려운 어휘로 교양을 쌓는 학문이 아니다. 그것은 **삶을 살아가기 위한 생존의 도구**에 가깝다.

인간이 움직이는 흐름을 읽지 못한다면 세상 속에서 길을 잃기 쉽다. 인문학은 세상이 어떻게 변화하고 사람들이 어떤 선택을 하는지를 이해하게 해주며, 그 안에서 스스로의 위치를 찾도록 돕는다.

인문적 통찰은 호불호의 판단과 거리를 두는 데서 시작된다. '좋다'거나 '나쁘다'는 감정적 결론에 머무르지 않고, 왜 그런 현상이 일어나는지를 묻는다. 인문학은 옳고 그름을 재단하기보다 **인간의 선택과 행동을 이해하려는 시도**에 가깝다.

인문학은 결국 삶의 주도권을 잡으려는 노력의 표현이다. 상상력과 창의성은 인문학적 토양 위에서만 깊게 뿌리내릴 수 있다. 인간의 삶을 이해하지 못한 채 만들어진 생각은 공허할 뿐이다.

상상력이란 인간의 동선이 어디로 향할지를 그려보는 능력이다. 창의성은 그 무늬가 나아갈 방향을 꿈꾸고, 그 끝자락 앞에 먼저 서는 일이다. 이는 아무것도 없는 곳에서 갑자기 탄생하는 것이 아니라, 인간의 삶과 움직임을 깊이 관찰하고 이해할 때 비로소 가능해진다.

우리가 쉽게 행복해지지 못하는 이유는 자기 자신을 잃어버렸기 때문이다. 자신에 대한 애정과 신뢰가 부족할수록 삶은 흔들린다.

인문학은 타인을 이해하는 동시에 자기 자신을 깊이 들여다보게 하며, 그 과정에서 자아를 회복하게 한다.

인간의 삶은 지식을 쌓고 경험을 넓혀 가는 과정이다. 그러나 지식이 늘어날수록 과연 우리는 더 풍요롭고 행복해졌는지 스스로에게 물어야 한다.

지식은 세계를 그대로 비추는 거울이 아니라, 세계의 한 단면을 잠시 보여주는 창에 불과하다. 배움은 언제나 이념과 신념의 영향을 받으며, 그 안에는 해석이 개입된다.

인문학적 통찰이란 사건을 인간의 관점에서 바라보는 능력이다. 보고 싶은 대로 보거나, 봐야 한다고 배운 대로 보는 것이 아니라, 있는 그대로를 받아들이는 태도이다.

통찰은 관찰에서 시작된다. 고정관념, 익숙한 개념, 굳어진 가치관이라는 우리의 틀에서 벗어날 때 비로소 깊어진다.

인간이 그려 온 무늬를 읽고 이해하려는 노력 속에서 우리는 세상을 더 넓게 바라보고, 자기 삶의 방향 또한 새롭게 그려 나갈 수 있다.

나를 대하는 태도에 대하여

기시미 이치로, 고가 후미타케, 《나를 사랑할 용기》를 읽고

나는 가끔 자신에게 가장 엄격한 사람이 된다. 작은 실수 하나에도 오래 머물고, 잘 해낸 일보다 부족한 점을 먼저 떠올린다.

누군가의 평가가 없어도 나는 자신을 채찍질하며 하루를 보낸다. 더 잘해야만 괜찮아질 수 있다는 생각이 내 안에 깊이 자리하고 있었기 때문이다.

그동안 나는 이런 태도가 나를 성장시키는 힘이라고 믿어 왔다. 느슨해지는 순간 도태될 것이라 생각했다. 그러나 《나를 사랑할 용기》를 읽으며, 그런 태도가 나를 단단하게 만들기보다 오히려 지치게 하고 있었음을 인식하게 되었다.

이 책은 아들러 심리학을 바탕으로 자존감을 성취나 비교의 결과가 아니라 태도의 문제로 바라본다. 나는 그동안 자존감을 높이려면 더 많은 성과를 쌓아야 한다고 믿었다. 잘해냈을 때만 자신을 인정했고, 그렇지 못한 순간에는 쉽게 나를 무가치하게 평가했다.

하지만 이 책은 **자존감이란 “나는 가치 있는 존재다”라는 감각을 조건 없이 받아들이는 데서 출발한다**고 말한다. 그래서 책은 묻는다.

“성과가 사라져도, 타인의 인정이 없어도, 당신은 여전히 자신을 존중할 수 있는가.” 이 질문은 내가 얼마나 조건적인 자기평가 속에서 살아왔는지를 돌아보게 했다.

책에서 특히 인상 깊었던 것은 아들러가 트라우마를 원인으로만 보지 않는 태도였다. 과거의 경험이 현재에 영향을 줄 수는 있지만, 그것이 오늘의 나를 결정한다는 식의 설명은 우리를 쉽게 무력하게 만든다.

아들러는 **인간을 원인에 끌려가는 존재가 아니라 목적을 향해 움직이는 존재로 본다.**

"그래서 나는 어쩔 수 없어"라는 말은 사실 설명이 아니라, 더 이상 움직이지 않기 위한 선택일 수 있다는 것이다. 이 대목을 읽으며, 내가 자주 꺼내던 말들이 떠올랐다.

일이 잘 풀리지 않을 때 "지금은 때가 아니야", "원래 나는 이런 걸 잘 못해"라고 말하곤 했는데, 그 말속에는 시도를 멈춰도 된다는 안전장치가 숨어 있었다.

열등감에 대한 설명도 인상깊었다. 아들러는 열등감 자체를 부정하지 않는다. 오히려 누구나 느끼는 자연스러운 감정이며, 성장의 동력이 될 수 있다고 말한다.

문제는 열등감이 열등 콤플렉스로 굳어질 때다. 부족함을 인정하고 나아가기보다, "나는 원래 안 돼"라는 결론으로 자신을 가둬 버리는 순간, 열등감은 노력의 방향이 아니라 포기의 근거가 된다.

나는 스스로에게 엄격하다고 믿었지만, 돌이켜보면 그것은 성장 의지라기보다 실패를 피하기 위한 방어였을지도 모른다.

또 하나 중요한 개념은 과제 분리였다. 이 책은 우리가 타인의 평가에 흔들리는 이유가, 타인의 과제까지 자신의 책임으로 떠안기 때문이라고 말한다.

타인이 나를 어떻게 생각할지는 타인의 과제이며, 내가 통제할 수 없는 영역이다. 그런데도 나는 늘 누군가의 기대에 부응하려 애쓰며, 인정받지 못하면 내 존재가 부정된 것처럼 느껴왔다.

과제 분리를 통해 내가 해야 할 일은 단순해진다. 나는 내 과제를 한다. 그리고 타인의 과제를 빼앗지 않는다. 이 원칙을 이해하는 순간, 인간관계에서 불필요한 긴장과 죄책감이 왜 생겼는지도 보이기 시작했다.

책은 관계를 수직이 아니라 수평으로 보라고 말한다. 칭찬과 꾸중, 평가와 서열을 전제로 하면 관계는 쉽게 위아래로 갈리고, 그 안에서 사람은 인정받기 위해 연기하게 된다.

반면 수평적 관계는 상대를 동등한 존재로 보고, 협력과 존중을 기반으로 한다. 나는 그동안 칭찬을 좋은 것이라고만 생각했는데, 책을 읽으며 칭찬 역시 상대를 조종하는 도구가 될 수 있다는 말이 낯설게 다가왔다.

결국 중요한 것은 상대를 평가하지 않는 태도라는 점이 더 설득력 있게 느껴졌다.

이 책에서 말하는 사랑은 감정이 아니라 선택에 가깝다. **나를 사랑한다는 것은 늘 만족스럽다는 뜻이 아니라, 부족한 나를 외면하지 않는 태도다.**

나는 바뀐 뒤에야 나를 존중할 수 있다고 믿었지만, 책은 순서를 바꾸라고 말한다. 바뀐 뒤에 사랑하는 것이 아니라, 지금의 나를 존중하는 태도가 변화의 출발점이라는 것이다.

이 말은 위로처럼 들리면서도 동시에 책임처럼 다가왔다. 나를 대하는 방식은 결국 내가 선택해야 할 문제이기 때문이다.

행복에 대한 관점도 인상 깊었다. 이 책은 행복을 개인적 쾌락이나 우월감에서 찾지 않는다. 대신 **공동체 속에서의 기여감이 인간을 행복하게 만든다**고 말한다.

나는 늘 혼자 잘 해내는 것이 강함이라고 믿었고, 도움을 요청하는 일은 약점처럼 느껴왔다. 하지만 기여감은 내가 쓸모 있다는 감각이 아니라, **나는 공동체에 속해 있고 누군가와 연결되어 있다**는 감각에 더 가깝다.

비교의 세계에서 벗어나려면, 나를 증명하는 삶이 아니라 함께 살아가는 삶을 연습해야 한다는 메시지가 남았다.

책을 덮으며 나는 나 자신을 대하는 태도를 다시 돌아보게 되었다. 여전히 나는 완벽하지 않고 자주 흔들린다. 쉽게 불안해지고, 실수 앞에서 자신을 몰아붙이는 습관도 완전히 사라지지는 않았다.

그러나 이제는 나를 평가의 대상으로만 보지 않으려 한다. 실수 앞에서도 “왜 이래”라고 몰아세우기보다 “지금 무엇이 필요하지?”라고 묻는 쪽에 가까워졌다. 타인의 시선을 삶의 목적처럼 붙잡기보다, 내가 선택할 수 있는 것과 선택할 수 없는 것을 구분하려는 시도도 시작됐다.

《나를 사랑할 용기》는 나에게 더 나은 사람이 되라고 말하지 않는다. 대신 지금의 나를 존중하는 법부터 배우라고 말한다.

조건 없이 나를 존중하는 연습, 타인의 과제와 나의 과제를 구분하는 연습, 그리고 누군가와 연결되며 살아가는 용기. 아직 완벽하진 않지만, 적어도 나는 나에게서 도망치는 방식으로 나를 관리하고 싶지는 않다.

이 책이 내게 남긴 변화는 큰 결심이 아니라, 오늘의 나를 대하는 말투를 바꾸는 작은 시작이었다.

나의 시간이 어디로 가고 있었는지
테레사 퀴커, 《시간을 잃어버린 사람들》을 읽고

나는 늘 바쁘다는 말을 달고 산다. 아침에 눈을 뜨면 이미 늦은 것 같은 기분이 들고, 하루를 마치고 나면 무엇을 했는지 또렷하게 기억나지 않는다.

일정은 분명 빼곡한데, 정작 남는 것은 피로뿐이다. 해야 할 일은 끝나지 않고, 시간은 늘 부족하다. 그래서 한동안 나는 이 바쁨을 성실함의 증거처럼 여겼다. 하지만 이 책을 읽으며, 그 바쁨이 정말 내가 선택한 삶이었는지 처음으로 진지하게 묻게 되었다.

《시간을 잃어버린 사람들》은 우리가 시간을 쓰고 있는

것이 아니라, 오히려 시간을 빼앗기며 살고 있을지도 모른다고 말한다. 알림, 메시지, 일정이 하루를 잘게 나누고, 그 사이에서 내가 원해서 쓰는 시간은 거의 남지 않는다.

나 역시 잠깐 쉬려고 켠 휴대폰이 어느새 한 시간을 넘겨버린 경험을 자주 한다. 무엇을 했는지는 잘 기억나지 않는데, 시간만 사라진 순간을 마주할 때마다 묘한 허탈감이 남는다. 이 책은 그런 시간이 단순한 낭비가 아니라, 내가 통제하지 못하는 흐름에 몸을 맡긴 결과일 수 있다고 말한다.

우리는 바쁨을 미덕처럼 여긴다. 쉬지 않고 움직이는 사람이 더 성실하고, 더 가치 있는 사람처럼 보인다. 그래서 멈추는 순간에도 괜히 불안해진다. 나 역시 아무 일정도 없는 날이면, 오히려 더 초조해졌다.

무언가를 하지 않으면 뒤처지는 것 같고, 쓸모없는 사람이 된 듯한 기분이 들었기 때문이다. 하지만 이 책은, **그 바쁨이 외부 기준에 맞춰 조정된 결과일 수 있다고 말한다.** 나는 내 속도가 아니라, 사회가 요구하는 속도에 나를 맞추며 살아왔다는 생각이 들었다.

속도는 많은 것을 가능하게 하지만, 동시에 삶의 감각을 얕게 만든다. 더 빨리 움직일수록 하루는 짧아지고, 기억은 흐려진다. 여행을 가서도 사진만 남기고 돌아오는 것처럼, 나는 하루를 살면서도 장면 대신 일정만 남기고 있었다. 이 책은 우리가 시간을 절약하고 있다고 믿는 동안, 정작 삶의 깊이를 잃고 있을지도 모른다고 말한다. 그 문장을 읽으며, 내가 왜 늘 바쁜데도 허전했는지 조금 이해하게 되었다.

저자는 시간을 되찾는다는 것은 더 **촘촘한 계획을 세우는 일이 아니라, 비워 두는 시간을 허락하는 일**이라고 말한다. 아무것도 하지 않는 시간이 낭비처럼 보일 수 있지만, 그 안에서 비로소 내가 나에게 돌아올 수 있다고 한다.

나는 그동안 쓸모없는 시간을 두려워하며, 나 자신에게 쉴 틈을 주지 않았던 것 같다. 그러나 이 책을 읽고 난 뒤, 일부러 아무 약속도 없는 시간을 만들어 보았다. 처음에는 불안했지만, 그 시간 속에서 오랜만에 내 생각을 천천히 들여다볼 수 있었다.

이 책을 덮으며, 나는 나의 하루를 다시 바라보게 되었다. 여전히 해야 할 일은 많고, 세상은 빠르다. 그러나 이제는 그 속도에 나를 무작정 맡기지 않으려 한다. 나의 시간을 다시 나의 것으로 만들고 싶다.

《시간을 잃어버린 사람들》은 **지금의 나는, 정말 나의 시간을 살고 있는가**라는 질문을 남겼다.

내가 나에게 쓰는 말들에 대하여
세스 프리먼, 《승자의 언어》를 읽고

나는 평소 무언가 잘못되었을 때, 상황보다 나 자신을 먼저 탓하는 습관이 있다. 일이 엉키면 "내가 또 그랬지", "원래 나는 이런 사람이니까"라는 식으로 자신을 단정짓는 말을 반복한다.

이 문장들은 처음에는 단지 내 기분을 표현하기 위한 감탄사 같았지만, 어느 순간부터 내 사고방식 전체를 규정하는 기준처럼 굳어졌다. 그런 말들을 입에 달고 사는 동안, 나는 자신을 더욱 작게 만들고 있었다.

《승자의 언어》는 이처럼 내면의 **언어 습관이 삶에 어떤 영향을 주는지**를 되묻는 책이다. 세스 프리먼은 말이 단순한 감정의 부산물이 아니라, **행동을 결정짓는 주체적인 선택**이라고 강조한다.

어떤 언어를 쓰느냐에 따라 내가 현실을 해석하는 방식이 달라지고, 결국 그 해석은 다음 행동의 방향까지 바꾼다. 나는 그동안 언어를 감정의 배출구쯤으로만 여겨왔기에, 이 지점에서부터 이미 많은 태도 차이가 생긴다는 사실이 새롭게 다가왔다.

예를 들어, 최근 나는 한 발표에서 실수를 한 적이 있다. 예상보다 긴장한 탓에 준비한 내용을 일부 빼먹었고, 발표가 끝나고 나서부터 머릿속엔 '역시 나는 말에 약해', '사람들 앞에서는 늘 실수해'라는 문장이 반복되었다.

이 말들은 분명 나를 위로하거나 채찍질하는 의도였지만, 실제로는 실패를 내 성격과 기질의 문제로 일반화시키는 언어였다. 프리먼은 이런 단정형 문장이 우리를 과거에 고착시킨다고 말한다.

반대로 "이번에 어떤 점을 보완하면 더 나아질까?"라는 질문형 언어는 미래로 시선을 옮기게 해 준다. 같은 상황이라도, 선택하는 문장의 차이가 사람의 에너지와 방향성을 전혀 다르게 만든다는 것이다.

또한 이 책은 자기 대화에서 피해자 프레임이 얼마나 자주 작동하는지도 지적한다.

"어쩔 수 없어", "나는 원래 그런 사람이야" 같은 문장은 듣기에 온화하고 현실적인 듯 보이지만, 실은 그 순간 내가 가진 통제력을 스스로 포기하는 방식이다.

나 역시 '운이 없었다'거나 '그때 환경이 나빴다'는 말로 나를 위로해 왔지만, 동시에 그 말은 다시 시도할 가능성을 낮추는 장치로도 작용했다.

프리먼은 **승자의 언어는 언제나 내가 지금 할 수 있는 일을 중심에 둔다**고 말한다. 과거나 타인을 탓하는 것보다, **현재 내가 바꿀 수 있는 요소를 찾는 것**이 더 현실적이고 회복력 있는 전략이라는 것이다.

이 책을 읽으며 떠오른 또 다른 장면이 있다. 어느 날 지인을 만나 오랜만에 대화를 나누는데, 내가 말을 이어가기 전에 늘 "이상한 얘기일 수도 있지만…", "말이 좀 정리가 안 되는데…"라고 전제를 두는 버릇이 있다는 사실을 깨달았다.

그 말은 내 의견이 틀릴 수도 있다는 여지를 준다기보

다, 아예 말할 자격을 낮추는 자기검열 언어였다. 프리먼은 우리가 일상에서 무심코 사용하는 표현이 자신을 규정하는 프레임을 만든다고 말한다. 결국 그런 말들 때문에 스스로 말하기를 주저하고, 자신감마저 잃는 것이다.

책에서는 협상과 갈등 상황에서도 언어가 가진 힘을 다룬다. 프리먼은 갈등을 푸는 과정에서조차 언어는 무기가 아니라 기회를 여는 열쇠가 될 수 있다고 말한다.

"내 말이 맞아"가 아니라 **"당신이 어떻게 느꼈는지 궁금하다"**는 말, "그건 틀렸어"가 아니라 **"그렇게 생각한 이유를 들어보고 싶다"**는 말은 관계의 판을 다르게 만든다.

나는 이 부분을 읽으며, 내가 얼마나 자주 말로 벽을 쌓아왔는지 돌아보게 되었다. 때로는 이기려는 말이 아니라 이어지려는 말이 필요한 법이다.

《승자의 언어》는 언어가 우리를 만든다는 명제를 담담하게 풀어간다. 이 책을 읽고 난 이후, 나는 나 자신에게 건네는 말을 더욱 조심스럽게 바라보게 되었다.

아직도 나를 몰아세우는 말이 습관처럼 튀어나올 때가 있지만, 이제는 그 말을 의심해 볼 수 있는 거리를 가지게 되었다. 그리고 그 거리가, 나를 다시 일으키는 힘이 된다는 것도 알게 되었다.

우리는 매일 우리 자신에게 수백 번의 말을 건넨다. 그 말 중 어떤 것이 나를 일으키고, 어떤 것이 나를 꺾는지 이 책은 묻는다. 나는 이제 '나는 원래 그래'라는 말 대신, '이번엔 다르게 해볼 수 있어'라는 문장을 선택하려 한다.

가리어
리니 영원토록 발전하여라

나를 대하는 방식에 대하여
김경일, 《마음의 지혜》를 읽고

어떤 날은 감정에 휘둘린 채 하루를 보내곤 한다. 기분이 가라앉으면 모든 일이 잘못되고 있는 것처럼 느껴지고, 사소한 말 한마디에도 마음이 오래 흔들린다. 그럴 때마다 자신을 탓하며, 왜 이렇게 마음이 약한지 묻곤 했다.

감정이 생기는 순간 그것을 곧바로 진실처럼 받아들이고, 그 감정을 다스리지 못하는 나 자신을 문제 삼았다. 그래서 이 책을 읽기 전까지, 나는 감정을 통제해야 할 대상으로만 생각하고 있었다.

이 책은 마음을 억누르거나 없애야 할 것이 아니라, **이해하고 다루어야 할 대상**으로 바라본다. 김경일 교수는 다양한 심리학 연구와 일상의 사례를 통해, 우리가 얼마나 자주 마음의 자동 반응에 이끌려 판단하고 행동하는지를 보여준다.

특히 감정은 사실이 아니라 신호에 가깝다는 설명이 인상 깊었다. 감정은 상황을 해석한 결과일 뿐, 상황 그 자체를 말해 주는 증거는 아니라는 점에서, 그동안 내가 얼마나 감정을 곧바로 믿어 왔는지를 돌아보게 되었다.

나는 평소 피곤하거나 예민할 때, 같은 말에도 쉽게 상처를 받곤 했다. 그 순간에는 그것이 상대의 무례함이나 배려 부족 때문처럼 느껴졌다.

책을 읽고 나니, 그 감정이 내 상태에서 비롯된 것일 수도 있겠다는 생각이 들었다. 마음이 지쳐 있을 때는 판단도 쉽게 날카로워지고, 감정의 신호를 과장해 받아들이게 된다는 설명은 매우 현실적으로 다가왔다.

이 책은 우리가 자신을 얼마나 자주 오해하며 살아가는지도 짚어낸다. 우리는 감정이 생기면 그 감정의 원인을 외부에서 찾는 경향이 있다. 그러나 많은 경우, **감정은 현재 상황보다 나의 피로도, 불안, 기대 수준과 더 깊이 연결되어 있다.**

이 사실을 인식하는 것만으로도, 타인에게 향하던 시선을 나 자신에게로 돌릴 수 있게 된다. 감정을 없애는 것이 아니라, 감정이 왜 생겼는지를 묻는 태도가 중요하다는 메시지가 마음에 남았다.

책에서는 행복에 대해서도 기존과는 다른 관점을 제시한다. 우리는 흔히 큰 성취나 특별한 사건이 있어야 행복해질 수 있다고 믿는다.

행복은 크기보다 빈도가 중요하다. 아주 짧은 만족과 소소한 기쁨이 자주 반복될 때, 삶 전체에 대한 만족도는 오히려 높아진다는 것이다.

이 부분을 읽으며, 나는 그동안 특별하지 않다는 이유로 많은 순간을 흘려보내 왔다는 사실을 떠올렸다. 대단하지 않은 하루, 평범한 성취, 사소한 안도감이 사실은 나의 일상을 지탱하고 있었음을 뒤늦게 깨닫게 되었다.

또한 이 책은 우리가 타인의 시선에서 완전히 자유로울 수 없다는 점을 솔직하게 인정한다. 사람은 본능적으로 인정받고 싶어 하며, 거절당하는 것을 두려워하는 존재다. 문제는 그 시선을 삶의 기준으로 삼을 때 발생한다.

나 역시 다른 사람의 기준을 나의 기준처럼 받아들이며 살아왔던 순간들이 많았다. 잘 해내고 있는지 끊임없이 확인하며 자신을 몰아붙였다. 이 책을 통해, 다른 사람의 평가보다 내가 어떤 삶을 원하는지를 더 자주 묻는 일이 필요하다는 생각이 들었다.

저자는 마음도 훈련할 수 있다고 말한다. **어떤 생각을 반복하느냐에 따라 판단 습관과 감정 반응 역시 달라진다**는 것이다. 마음은 고정된 성격이 아니라, 반복된 사고의 결과라는 설명은 위로이면서도 책임처럼 느껴졌다.

나는 늘 나에게 엄격했고, 실수하면 오래 붙잡고 자책했다. 그러나 이 책을 읽으며, 그런 태도가 나를 성장시키기보다 오히려 지치게 만들고 있었다는 사실을 인정하게 되었다. 조금 더 현실적으로, 그리고 조금 더 너그럽게 나를 바라보는 연습이 필요하다는 생각이 들었다.

《마음의 지혜》는 내가 나를 대하는 방식을 천천히 돌아보게 만든다. 감정을 없애는 사람이 되기보다, 감정을 다룰 줄 아는 사람이 되고 싶다는 생각이 들었다. 더 잘 살아야 한다는 압박보다는, 나를 조금 더 이해하며 살아가고 싶어졌다. 이 책은 내 마음을 완벽하게 바꾸어 주지는 않았지만, 적어도 감정 앞에서 나 자신을 덜 몰아붙이게 했다.

사람의 마음이 움직이는 지점

드루 에릭 휘트먼, 《심리학으로 팔아라》를 읽고

이 책을 펼쳤을 때, 나는 광고 기법이나 말재주를 배우게 될 거라 생각했다. 하지만 책을 읽어갈수록, 이것은 단순히 어떻게 팔 것인가에 대한 이야기가 아니라 **사람이 왜 어떤 말에 반응하는가**를 설명하는 책이라는 생각이 들었다.

우리는 흔히 합리적으로 선택한다고 믿지만, 실제로는 대부분 감정에 의해 움직이고, 그 뒤에 이유를 붙인다. 이 책은 그 과정을 차분하게 보여 준다.

저자는 **사람들이 상품이 아니라 감정을 산다**고 말한다. 우리는 물건이 필요해서 구매하는 것 같지만, 사실은 그 물건이 줄 것이라 기대하는 상태를 원한다. 안전해질 것 같아서, 인정받을 것 같아서, 나아질 것 같아서 선택한다.

이 설명을 읽으며, 나 또한 어떤 물건을 샀는지보다, 그 순간 어떤 기분이 되고 싶었는지를 더 또렷하게 떠올릴 수 있었다.

책에는 사람들이 공통으로 반응하는 심리적 욕구와 법칙들이 정리되어 있다. 예를 들어, 우리는 이득보다 손실에 더 크게 반응하고, 많은 사람이 선택한 것에 더 신뢰를 느낀다. 또, 제한된 기회에는 더 큰 가치를 부여한다.

이런 원리들은 특별한 기술이 아니라, 오랜 시간 형성된 인간의 반응 방식에 가깝다. 그래서 우리는 종종 이유를 알지 못한 채 어떤 문장에 끌리게 된다.

이 책을 읽으며 가장 인상 깊었던 점은, **단어 하나가 행동을 바꿀 수 있다**는 사실이었다. “지금 신청하세요”라는 말보다 “오늘까지 신청하면 혜택이 제공됩니다”라는 말에 더 반응하는 이유는, 우리 마음이 기회보다 손실에 더 민감하기 때문이다.

나는 예전에 이런 문구에 자연스럽게 반응했던 기억을 떠올리며, 그 순간의 선택이 내 의지라기보다 심리적 반응에 가까웠다는 것을 인정하게 되었다.

책은 광고뿐 아니라, 일상에서 사용하는 말에도 같은 원리가 적용된다고 말한다. 상대에게 어떤 행동을 부탁할 때, 이유와 맥락을 함께 전달하면 반응이 달라진다.

나 역시 말의 방식이 바뀌었을 때 관계의 분위기가 달라졌던 경험이 있다. 그때 비로소, 말은 정보를 전달하는 수단이 아니라 **상대의 마음을 이해하고 조율하는 도구**라는 생각이 들었다.

《심리학으로 팔아라》는 사람을 설득하는 법을 가르치기보다, **사람을 이해하는 관점**을 제시하는 책처럼 느껴졌다.

우리는 하루에도 수없이 말하고, 설명하고, 요청한다. 그 순간마다 내 말이 상대에게 어떻게 들릴지를 생각해 보는 것만으로도 관계는 달라질 수 있다.

이 책을 덮고 나서, 나는 말하기 전에 한 번 더 멈추게 되었다. 이 말이 상대의 마음에 어떤 방향으로 닿을지, 내가 전달하고 싶은 것은 무엇인지 돌아보게 된다.

《심리학으로 팔아라》는 **사람의 마음을 바라보는 하나의 틀**을 건네준 책으로 남았다.

나에게서 도망치고 있었던 이유
일자 샌드, 《나는 왜 나에게 솔직하지 못할까》를 읽고

나에 대해 비교적 잘 알고 있다고 생각해 왔다. 무엇을 좋아하고 무엇을 싫어하는지, 어떤 상황에서 힘들어지고 어떤 순간에 의욕이 떨어지는지도 어느 정도는 파악하고 있다고 믿었다. 그래서 스스로에 대해 큰 착각을 하고 살고 있다고는 생각하지 않았다.

그러나 《나는 왜 나에게 솔직하지 못할까》를 읽으며, 내가 알고 있다고 여겼던 많은 설명이 사실은 이해라기보다 회피에 가까웠을지도 모른다는 생각이 들었다.

이 책은 우리가 얼마나 자주, 그리고 얼마나 정교하게 자신을 속이며 살아가는지를 깨닫게 해주었다.

저자는 사람들이 자기기만에 빠지는 이유를 나약함에서 찾지 않는다. 오히려 그 반대라고 말한다. 우리는 상처받지 않기 위해, 무너지지 않기 위해, 자신을 보호하려는 본능 때문에 진실을 비틀어 받아들인다.

인정하고 싶지 않은 감정이나 욕망, 실패의 흔적을 있는 그대로 바라보기보다, 더 받아들이기 쉬운 이야기로 바꾸어 놓는 것이다. 그 순간에는 마음이 한결 편해진다.

하지만 그 대가로 우리는 자신과의 연결을 조금씩 잃어간다. 책을 읽으며, 그 연결이 끊어진다는 말이 생각보다 무겁게 느껴졌다.

책에서 말하는 자기기만은 단순한 거짓말이 아니라 현실을 특정한 방식으로만 보게 만드는 인식의 틀에 가깝다.

우리는 보고 싶은 것만 보고, 듣고 싶은 말만 들으며, 불편한 진실은 무의식적으로 밀어낸다. 그렇게 만들어진 설명들은 점점 단단해져, 어느 순간 나 자신을 규정하는 이야기로 굳어진다.

그리고 나는 그 이야기 안에서 안전하다고 느끼며 살아간다. 문제는 그 안전함이 성장을 막는 울타리가 될 수 있다.

이 대목을 읽으며 내가 자주 해 왔던 말들이 떠올랐다. 일이 잘 풀리지 않을 때, 나는 “지금은 때가 아니야”라거나 “원래 나는 이런 걸 잘 못해”라는 말로 상황을 정리해 왔다.

겉으로 보기에는 현실을 받아들이는 태도처럼 보였지만, 그 말들 속에는 더 이상 시도하지 않아도 된다는 변명이 숨어 있었다.

실패를 직면하는 대신, 실패를 설명으로 덮어 두었던 셈이다. 책을 통해, 그런 말들이 나를 보호하는 동시에 나를 멈추게 하고 있었다는 사실을 처음으로 분명하게 인정하게 되었다.

저자는 솔직해진다는 것을 감정을 드러내는 일과 동일시하지 않는다. 대신 **솔직함이란, 자신에게 불리한 진실도 외면하지 않는 태도**라고 말한다.

나는 그동안 솔직함을 감정 표현이나 털어놓음의 문제로만 생각해 왔던 것 같다. 하지만 이 책을 읽으며, 진짜 솔직함은 나를 불편하게 만드는 질문을 피하지 않는 데 있다는 것을 알게 되었다.

왜 이 선택을 하지 않았는지, 정말로 못한 것인지 아니면 피한 것인지, 지금의 상태가 상황 때문인지 아니면 나 자신의 두려움 때문인지를 묻는 일은 생각보다 용기가 필요하다.

이 책은 나 자신을 대하는 태도를 다시 돌아보게 했다. 나는 스스로에게 너무 쉽게 이유를 만들어 주고, 그 이유 뒤에 숨으며 살아왔다는 생각이 들었다. 그렇게 하면 당장은 편안했지만, 동시에 나 자신을 더 이상 깊이 이해하려 하지 않게 되었다.

지금도 모든 것을 정직하게 마주할 수 있다고 말할 수는 없다. 여전히 불편한 질문 앞에서는 망설이게 된다. 하지만 적어도 이제는, 내가 나를 속이고 있다는 사실을 모르는 척하며 지나가지는 않게 되었다.

《나는 왜 나에게 솔직하지 못할까》는 조금 더 정직하게 자신을 바라볼 수 있는 용기를 권한다. 모든 진실을 한 번에 받아들이지 않아도 괜찮다고 말하면서도, 도망치고 있다는 사실만큼은 인정하라고 말한다.

이 책을 덮고 나서, 나는 나에게서 도망치기보다 나를 이해하려는 방향으로 한 걸음 더 나아가고 싶어졌다. 솔직해진다는 것은 나를 무너뜨리는 일이 아니라, 나를 다시 만나는 일일지도 모른다는 생각이 들었기 때문이다.

아직은 낯설고 서툴지만, 적어도 이제는 도망치고 있다는 사실을 스스로에게 숨기지 않고 살아가고 싶다.

사유의 노트 #4

미셸 푸코
보이지 않는 권력이 인간을 만드는 방식

억압이 아닌, 생산으로서의 권력

미셸 푸코(Michel Foucault, 1926–1984)는 권력을 '억압하는 힘'으로 이해하는 전통적 관점에서 벗어나, 인간을 **형성하는 힘**으로 보았다.

왜 우리는 스스로를 감시하고, 스스로를 규율하며, 스스로를 설명하려 하는가.

푸코가 살았던 20세기는 병원, 감옥, 학교, 군대 같은 제도들이 인간을 분류하고 관리하는 방식이 체계화된 시대였다.

그는 이 제도들이 단순한 통제 장치가 아니라, 인간을 '정상'과 '비정상'으로 구분하고, 말하고, 생각하고, 행동하는 방식 자체를 만들어낸다고 보았다.

권력은 위에서 누르는 힘이 아니라, 일상 속에서 스며들어 인간을 생산하는 장치였다.

규율, 감시, 담론

푸코의 이론을 떠받치는 핵심 개념은 세 가지다.

첫째, **규율**이다. 근대 사회는 폭력 대신 훈련과 관찰을 통해 인간을 길들인다. 시간표, 성적, 평가, 기록은 우리를 통제하기보다, 스스로 통제하도록 만든다.

둘째, **감시**다. 그는 파놉티콘을 통해, 감시가 더 이상 실제 눈이 아니라, '볼 수 있다'는 가능성 자체로 작동한다고 설명했다. 우리는 누군가 보고 있을지도 모른다는 생각만으로도 스스로를 조정한다.

셋째, **담론**이다. 어떤 것이 정상인지, 어떤 것이 문제인지 말해지는 방식 자체가 이미 권력의 작동이다. 우리는 자유롭게 말한다고 느끼지만, 이미 주어진 언어의 틀 안에서만 말하고 있다.

인간은 만들어진다

푸코에게 인간은 고정된 본질이 아니라, 역사적 산물이다. 광인은 광인으로, 환자는 환자로, 범죄자는 범죄자로 '발견'된 것이 아니라, 특정한 지식과 제도, 담론 속에서 그렇게 **구성**되었다.

이 관점에서 보면, 우리는 스스로를 정의하고 있는 것 같지만, 실제로는 이미 정의된 범주 속에 들어가 살아가고 있다. 푸코는 인간이 억압받는 존재이기 이전에, **생산된 존재**

라는 점을 드러냈다.

냉혹한 분석의 한계

푸코의 사유는 해방을 말하지 않는다. 그는 어디에서도 '이렇게 살아야 한다'는 답을 주지 않는다. 그래서 그의 철학은 차갑고, 때로는 비관적으로 느껴진다.

비판자들은 묻는다. 모든 것이 권력이라면, 우리는 어디에서 벗어날 수 있는가. 그러나 푸코는 권력 바깥을 상정하지 않았다. 그는 권력을 제거하는 것이 아니라, **작동 방식을 드러내는 것**이 저항의 시작이라고 보았다.

우리는 무엇으로 만들어지고 있는가

오늘날 우리는 자유를 말하지만, 동시에 기록되고, 평가되고, 비교된다. 알고리즘, 데이터, 평점, 이력서는 현대의 감시 장치다. 우리는 그것에 강요받기보다, 스스로 참여한다.

푸코의 질문은 여전히 유효하다.

지금 이 순간, 나를 규정하고 있는 것은 무엇인가.

나는 어디까지가 나이고, 어디부터가 제도인가.

그는 인간은 고정된 존재가 아니라, **계속 만들어지는 과정**이는 가르침을 준다.

사유의 노트 #5

허버트 스펜서
사회를 '진화하는 유기체'로 본 사상가

자연의 법칙으로 사회를 설명하려 했던 시대

허버트 스펜서(Herbert Spencer, 1820–1903)는 산업혁명 이후 급변하던 영국 사회에서, 사회 역시 자연처럼 **발전하고 분화하는 유기체**라고 보았다. 빈곤, 계급 격차, 도시 문제로 19세기 영국은 혼란스러웠다. **왜 사회는 이렇게 불평등해 보이는가, 그리고 이것은 필연인가.**

스펜서는 혼란을 비극이 아니라, 진화의 과정으로 해석했다. 사회는 단순한 집합이 아니라, 더 복잡한 형태로 나아가는 하나의 생명체라는 시선이었다.

진화, 적자생존, 비간섭

스펜서의 사상을 관통하는 개념은 세 가지다.

첫째, **진화**다. 사회는 단순한 구조에서 복잡한 구조로 발전하며, 기능이 분화된다. 그는 이를 생물학적 진화와 유사한 과정으로 보았다.

둘째, **적자생존**이다. 스펜서는 이 개념을 사회에 적용해, 경쟁 속에서 더 잘 적응한 집단과 개인이 살아남는 것이 자연스럽다고 보았다. 이는 훗날 '사회진화론'이라 불리며 큰 논쟁을 낳았다.

셋째, **비간섭**이다. 그는 국가가 복지나 규제로 개입하면, 사회의 자연스러운 진화를 방해한다고 믿었다. 도움은 오히려 약한 존재를 보호해 전체 발전을 늦출 수 있다고 보았다.

사회를 생명처럼 본다는 것

스펜서는 사회를 살아 있는 유기체처럼 보았다. 각 개인은 하나의 세포처럼 기능하며, 전체의 균형을 이룬다. 이 관점에서 불평등은 오류가 아니라, 분화의 결과였다.

그는 평등보다 **질서와 효율**을 중시했고, 경쟁을 사회 발전의 동력으로 보았다. 그의 이론은 자본주의 사회의 자기 정당화 논리로 사용되며 큰 영향력을 가졌다.

냉혹한 진화 논리의 그늘

그러나 스펜서의 이론은 심각한 비판을 받았다. 적자생존을 사회에 적용함으로써, 빈곤과 차별을 자연 질서로 정당화했기 때문이다. 이는 제국주의와 인종주의, 극단적 경쟁 논리를 뒷받침하는 사상적 근거로도 활용되었다.

사회는 자연과 다르고, 인간은 도덕과 책임을 가진 존재라는 반론은 그의 이론이 가진 한계를 드러낸다.

우리는 경쟁을 자연이라 부르는가

오늘날에도 경쟁은 '어쩔 수 없는 현실'로 말해진다. 그러나 그 기준이 자연인지, 아니면 선택된 제도인지는 여전히 질문으로 남는다.

스펜서는 사회를 자연처럼 보려 했지만, 그 시선이 인간의 고통을 얼마나 설명할 수 있는지는 여전히 논쟁 중이다.

우리는 경쟁을 자연이라고 부르고 있는가, 아니면 그렇게 믿도록 배워온 것인가.

사유의 노트 #6

조지 허버트 미드
타인의 눈 속에서 자아가 만들어진다는 발견

자아는 혼자 만들어지지 않는다

조지 허버트 미드(George Herbert Mead, 1863–1931)는 인간의 자아가 태어날 때부터 주어지는 것이 아니라, **사회적 상호작용 속에서 형성된다**고 보았다. 그는 개인의 내면을 분석하기보다, 사람들이 서로에게 반응하고 의미를 주고받는 과정을 관찰했다.

미드의 질문은 다음과 같았다.

나는 어떻게 '나'가 되었는가.

그에게 자아는 고립된 주체가 아니라, 관계 속에서 서서히 만들어지는 결과였다.

I, Me, 그리고 일반화된 타자

미드의 자아 이론은 세 가지 개념으로 구성된다.

첫째, **I**는 즉각적이고 충동적인 나다. 반응하고, 시도하고, 예측 불가능한 나의 측면이다.

둘째, **Me**는 타인의 기대를 내면화한 나다. 사회가 나에게 요구하는 역할과 규칙이 이 안에 들어 있다.

셋째, **일반화된 타자**다. 이는 특정한 한 사람이 아니라, 사회 전체의 관점이다. 우리는 이 시선을 통해 스스로를 평가하고 조정한다.

역할 놀이에서 사회로

미드는 아이들이 놀이를 통해 타인의 역할을 흉내 내고, 점점 더 복잡한 규칙을 이해하면서 자아를 확장해 간다고 보았다. 처음에는 '놀이 단계'에서 한 사람의 역할만 수행하다가, '게임 단계'에 이르면 여러 사람의 관점을 동시에 고려할 수 있게 된다. 이 과정은 단순한 성장 과정이 아니라, **자아가 사회를 배우는 방식**이다.

자유와 규범 사이

미드의 이론은 인간을 완전히 사회에 종속된 존재로 보지 않는다. I는 언제나 예측을 벗어나며, Me는 사회의 규칙을 반영한다. 자아는 이 둘의 긴장 속에서 끊임없이 조정된다.

그러나 이 균형이 무너지면, 우리는 타인의 기대에만 맞추는 존재가 되거나, 사회와 단절된 채 충동적으로 움직이게 된다.

나는 누구의 시선을 살고 있는가

오늘 우리는 수많은 시선 속에서 자신을 조정하고, 가족, 친구, 사회, 그리고 보이지 않는 대중의 눈까지 신경쓴다.

미드는 자아는 혼자가 아니라, **관계의 흔적**이라 설명한다.

그렇다면 지금의 나는, 어떤 타자의 시선을 살아가고 있는가.

3부

낙서, 그림

누구나 수업 시간, 아니면 무료할 때 낙서를 해본 적이 있을 것이다.

개인적으로 낙서라는 것은 상당히 자연스러운 일종의 본능이라고 생각을 해보곤 한다. 누가 가르쳐 주지 않아도 빈 공간과 필기구만 있다면 자연스럽게 특정한 형태이든, 혹은 단순한 선의 집합이든 무엇이든 나타내려고 하지 않던가.

어린 시절, 교과서의 삽화나 제목 위에 낙서를 덧붙이는 방식으로 아예 다른 의미로 바꾸는 아이들도 있었던 것을 많은 사람이 기억할 것이다.

낙서라는 단어는 그 단어 안에서 벽화와 같이 높은 레벨의 결과물까지 포함하고 있는 개념이지만, 보통 낙서가 일정한 수준에 다다르게 되면 더 이상 낙서가 아닌 '그림'이라고 부르게 된다.

뭔가를 능숙하게 그려낼 줄 아는 친구에게, "낙서 잘한다."라는 말을 쓰기보다는 "그림 잘 그린다."라고 하는 것이 더 자연스럽지 않은가.

나에게 있어, 낙서는 상당히 유서 깊은 역사를 자랑한다. 나는 한참 어릴 때부터 항상 그림이라는 활동에 매료되어 있었다. 책, 컴퓨터 어디서든 인상적인 것들을 보면 그리고자 했다.

재미있는 것은, 아주 어릴 때는 종이에다 그리는 것이 아니라 특이하게도 어린이용 앉은뱅이 책상 밑에 낙서를 하곤 했다.

그 책상은 밑이 하얀색이었는데, 어린 눈에 거대한 일종의 캔버스처럼 보였던 걸까, 덕분에 그 책상 밑은 매일 같이 채워지는 낙서들로 빽빽했던 기억이 난다.

이런 남다른 관심은 날이 갈수록 커져, 나중에는 혼자 만화에 적용된 기법들을 익혀서 따라 표현해 보려고 하는 등 더 잘 그리고자 하는 노력을 굉장히 많이 했던 것 같다.

그림 연습에 대한 이야기를 하면, 한 에피소드가 있다. 나도 그림 실력을 체계적으로 키워보고자 학원을 다닌 적도 있다. 단 2주 동안만이었다는 게 문제였지만 말이다.

초등학교 4, 5학년 때였던 것으로 기억한다. 미술에 대한 열정이 넘쳤던 나는 부모님에게 말해 미술학원에 등록하게 된다. 학원에 가기 전부터 나는 학원에서 어떤 활동을 할지 크나큰 기대를 안고 있었고, 아주 재밌는 일들이 생길 줄로만 알았다.

그러나, 당연하게도 현실은 그렇지가 않았다. 명암의 10단계 분할인지 뭔지, 영 재미도 없는 것을 하면서 앉아 있다 보니, 참으로 힘든 시간이었다. 내가 원하던 것과는 너무나 괴리가 컸다.

나는 '미술'을 배우는 게 아니라 단지 그림을 그리고 싶었다. 결국 지루함을 참지 못했던 나는 게임이나 하러 학원을 상습적으로 빼먹기 시작했고, 그렇게 약 2주간의 내 짧은 학원 생활은 막을 내리게 된다.

이 에피소드를 떠올릴 때마다, 학원을 계속 다닌 시간 선의 나는 어디에 다다랐을까 하는 상상도 하게 된다. 대학교까지 미술을 하고자 했을까? 미술을 일로서도 하고자 했을까? 알 수가 없는 노릇이다.

문득 생각해 보면, 그림을 그릴 줄 안다는 것은 학교에서 상당한 장점이 있다. 먼저 사람들에게 인상을 남기기 쉽다. 어느 학교, 어느 학년이든 나는 그림 잘 그리는 사람으로서 모두의 인상에 남아 있었다. 나는 이름도 모르는데 다른 사람은 나를 이미 아는 경우도 많았다.

여기에는 어린 시절 책상에 그림 그리던 시절로 돌아간 것처럼, 학교 책상 위에 그림을 남기던 내 행위가 한몫하기도 했다.

이동 수업이 있을 때마다, 내가 앉았던 자리는 상당히 공들인 그림이 남겨져 있는 경우가 많았다. 마치 뱅크시라도 된 것 같은 느낌이었는데, 차이점이 있다면 누가 한 건지 다 아는 정도가 아닐까.

초, 중, 고등학교에서, 내가 느낀 것은 그림을 잘 그릴 줄 안다는 것 이전에, 애초에 그린다는 행위에 관심이 있는 아이가 적다는 것이었다.

예체능 활동에서, 유독 그리기는 그다지 인구가 많은 것 같지 않다. 비슷한 정도의 관심을 공유하는 아이들을 찾기가 참으로 힘들었던 기억이 있다.

난이도의 차이일까? 그러나 나에게는 공을 차고 튕기는 것보다, 몇 시간이고 종이를 들여다보는 게 훨씬 쉽고 편하게만 느껴진다.

결정은 사고의 훈련이다
스티븐 존슨, 《미래를 어떻게 결정할 것인가》를 읽고

《미래를 어떻게 결정할 것인가》는 우리가 결정을 어려워하는 이유를 개인의 우유부단함이나 감정 문제로 돌리지 않는다. 대신 **선택지가 분명한 형태를 갖추지 못했기 때문**이라고 설명한다.

막연함은 불안을 낳고, 불안은 결정을 미루게 만든다. 그래서 이 책이 가장 먼저 강조하는 것은 **직관이 아니라 시각화**다. 종이 한 장에 장단점을 나누어 적는 단순한 행위가 강력한 이유도 여기에 있다. 머릿속에서만 맴돌던 생각이 눈앞에 놓이는 순간, 문제는 이미 상당 부분 정리된다.

이 과정은 단번에 끝나서는 안 된다. 며칠에 걸쳐 생각나는 대로 장단점을 계속 추가하다 보면, 처음에 과장되었던 기대나 두려움은 자연스럽게 가라앉는다. 감정이 한발 물러난 자리에서 각 선택지가 지니는 실제 가치와 중요도가 보이기 시작한다.

이 책은 좋은 결정이 번뜩이는 선택이 아니라, 시간을 들여 사고를 구조화한 결과라고 말한다. 결정의 결과보다 결정에 이르는 과정이 더 중요하다는 관점은, 그동안 결과만으로 선택을 평가해 왔던 태도를 돌아보게 만든다.

중요한 결정을 앞둘수록 우리는 오히려 속도를 늦춰야 한다. 본능적이고 감정적인 반응이 판단에 영향을 미친다는 사실은 부정할 수 없지만, 중대한 결정에 필요한 것은 즉각적인 반응이 아니라 숙고다.

여러 가능성을 검토하고, 다양한 관점을 경청하며, 반대 의견까지 충분히 고려하려면 시간이 필요하다. 빠른 결정이 용기 있는 선택이라는 믿음이 반드시 옳지는 않다고 저자는 강조한다.

의사결정 과정은 크게 세 단계로 나뉜다.

첫째는 **가능한 모든 변수와 선택지를 탐색해 하나의 지도를 그리는 단계다.**

둘째는 **각 선택지가 어떤 결과로 이어질지 예측하고, 그 결과를 목표에 비추어 비교하는 단계다.**

셋째는 **이 모든 분석을 바탕으로 하나의 방향을 결정하는 단계다.**

이상적인 결정이 이루어지기 위해서는 모든 대안과 결과를 정확히 파악해야 하지만, 현실에서는 미래의 불확실성과 변수 때문에 이를 완벽히 충족하기 어렵다. 이 한계를 인정하는 태도 자체가 성숙한 결정의 출발점이라는 점이 인상 깊었다.

핵심 개념은 **심사숙고**이고, 그 첫 단계는 **지도 그리기**다. 여기서 지도란 단순한 목록이 아니라, 결정과 결과에 관여하는 모든 행위자와 그들 사이의 관계를 시각적으로 정리한 구조다.

상황적 조건뿐 아니라 핵심 인물들의 심리적·정서적 상태까지 고려해야 한다는 점에서, 이 지도는 현실을 단순화하기보다 복잡성을 드러낸다. 중요한 것은 하나의 정답을 찾는 것이 아니라, 여러 가능한 방향을 동시에 바라보는 일이다.

이 과정에서 다양한 시각의 중요성도 강조된다. 비슷한 생각을 가진 집단은 빠르게 합의에 도달할 수 있지만, 그만큼 오류에 취약하다. 서로 다른 관점을 가진 사람들이 모일수록 지도는 정교해진다.

또한 불확실성을 부정하지 않고 수용하는 태도가 사고의 폭을 넓힌다. 불확실성을 제거하려 하면 사고는 경직되지만, 그것을 전제로 두면 새로운 변수와 가능성이 보이기 시작한다.

두 번째 단계는 **예측**이다. 인간은 휴식 상태에서도 기억과 예측을 동시에 작동시키며 미래를 준비한다. 예측의 목적이 최선의 결과를 상상하는 데 있지 않다. 오히려 예상치 못한 변화와 부작용을 미리 탐색하는 데 의미가 있다.

이를 위해 활용되는 것이 시나리오 플래닝이다. 미래를 하나의 정답이 아니라 여러 개의 이야기로 구성하는 이 방식은, 불확실성과 함께 사고하는 훈련처럼 느껴졌다.

마지막 단계는 **결정**이다. 이때 비용과 편익뿐 아니라 가치 모형이 중요해진다. 자신에게 중요한 가치들을 정리하고, 각 선택이 그 가치에 어떤 영향을 미치는지 살펴보는 방식이다.

긍정적인 결과뿐 아니라 감당해야 할 위험까지 함께 고려할 때, 선택은 훨씬 책임 있는 것이 된다. 충분한 분석을 거친 뒤에는 오히려 결정이 명료해진다는 설명도 설득력 있게 다가왔다.

가장 인상깊었던 것은 **결정이란 선택의 순간이 아니라 사고의 훈련**이라는 점이었다. 우리는 결과에 집착해 결정을 평가해 왔지만, 실제로 삶의 방향을 바꾸는 것은 그 과정이었다.

더 오래 생각하고, 더 넓게 바라보며, 불확실성을 인정하는 태도 자체가 이미 좋은 결정이라는 사실이 오래 남았다.

생각이 넓어지는 순간
미하엘 슈미트잘로몬, 《생각의 진화》를 읽고

얼마 전 어떤 인터뷰를 보게 되었다. "사람들이 더 이상 논픽션을 읽지 않는다."는 이야기였다. 모 서점의 판매량 상위 10권이 모두 소설이었다고도 하는 등, 국내 독서의 성향이나 목적은 꽤 치우친 모양을 한 듯하다.

생각해보면 나 또한 한창 책을 많이 읽었던 시기에 보았던 책들은 거의 소설이었다. 흥미 위주의 독서를 했었기 때문에 그랬지만, 대부분 가벼운 책들이었기에 지금에 와서 생각하면 수백 권에 달하는 책을 보았음에도 그 내용이나 인상이 기억에 남는 것은 별로 없는 듯하다.

그래서인지, 오히려 요즘에는 소설보다 논픽션 책들에 더욱 흥미를 느끼게 되었다. 과학이든 인문이든 원하는 분야에 대해 다양한 사실과 연구에 대해 알아가는 과정이 재미를 줄 뿐만 아니라, 복수의 분야를 결합해 다루는 과정에서 또한 새로움을 경험할 수 있기에.

이 책이 담고 있는 내용이 그에 해당한다고 볼 수 있다. 여기서는 인류 역사에 큰 영향을 미친 10명의 과학자, 사상가들을 선정하여 그들의 생애, 업적을 다룬다.

동시에 그들에 대한 단순한 위인전으로 기능하는 것이 아니라 한 개인으로서의 면모, 사생활 또한 조명하여 여러 방면에서 생각할 만한 거리를 제공하여 준다.

또한 서로 다른 인물들을 나누어 소개하고 있지만 어떤 면에서는 유기적으로 이어져 있기 때문에 저자가 다루고자 하는 내용에 대해 받아들이기에 더 쉬웠다.

먼저 흥미 있게 보았던 부분은 에피쿠로스에 대해 다루었던 부분이다. 에피쿠로스라는 사상가와 그 사상 자체는 학교에서부터 많이 접했었기 때문에 익숙했지만, 그가 구체적으로 어떤 삶을 살았는지는 잘 알지 못했다.

그는 당대의 지배 사상에 완전히 배치되는 주장과 행동, 이를테면 여성과 노예를 본인의 학교에 출입시키는 등의 일을 벌였고, 추종자를 모아 본인의 공동체를 건설하기도 한다.

불과 수십 년 전 소크라테스가 거의 동일한 죄로 처형되었던 것에 반해, 그는 일생을 본인의 뜻을 지키며 살았다. 심지어는 최후마저도 본인의 뜻으로 맞이했다. 그는 질병에 대한 고통을 견디다 못한 끝에, 스스로 생을 마감하였다.

"**지혜로운 사람은 가장 긴 삶이 아니라 가장 즐거운 삶을 바란다**."라는 그의 주장이 이를 효과적으로 나타내는 것 같다. 이처럼 그가 말년까지 평온하게 지낼 수 있었던 것은 그가 철저히 은둔자의 삶을 추구했기 때문이다.

그의 사상은 개인 중심의 사상이었다. 살아생전 그의 가르침은 결코 주류 사상으로 기능하지는 못했지만, 그의 사상은 오랜 시간이 지난 후, 근대에 이르러 다시 한번 화려하게 부활하게 된다.

또 인상적으로 보았던 부분은 과학자이자 작가, 사회운동가이기도 했던 칼 세이건에 대해 다룬 내용이었다. 그의 과학자로서의 측면은 이전부터 유명하여 알고 있었으나, 책에서 발견할 수 있었던 것은 사회운동가로서의 모습이었다.

그는 인류와 지구에 대한 책임에 큰 관심을 가진 사람이었다고 한다. 제한적 기술 문명의 수명은 그의 평생의 관심사였다.

세계대전을 지나 냉전의 긴장 속에서, 인류는 언제든지 그 생존을 위협받는 상황이었다. 그는 이러한 상황 속에서 핵무기 감축 운동을 벌이고 결과적으로 냉전을 종식시키는 데에 기여하였고, 또다른 인류의 과제인 기후변화에 대해 주목하기도 했다.

그는 **기후변화는 인류가 국가, 정치, 문화 등의 한계에서 벗어나 지구시민 의식을 가져야만 해결할 수 있다**고 주장했고, 이를 위한 것은 오직 과학적 접근이라고 믿었다.

이를 위해 유명한 지구의 사진을 남기기도 할 만큼, 평생 그는 인류를 구분하고 대립시키는 장벽을 허물고 지구시민으로 하나가 되기를 염원하였다. 이러한 그의 면모는 이전에는 전혀 알지 못했던 의외의 사실이었다.

그 외에도 니체, 마르크스, 포퍼를 비롯한 사상가와 과학자들의 이야기들도 상당히 흥미로웠고 이전에 몰랐거나 대충 알고 있던 사실들에 대해 많은 것을 알아가며 읽을 수 있었다.

전체적인 책을 읽고 느꼈던 것은 어떤 대상에 대해 내가 좁은 시각으로 받아들이거나 일부만 알고 있었던 것이 많았다는 것이다.

한 개인은 항상 다양한 측면을 가지는데 이전까지는 그 일부만 파악한 상태로 더 깊게 알아보지 않았던 적이 많았다. 그러다 이 책을 읽음으로써, **어떤 것에 대해서든 알아볼 때 항상 구체적으로, 여러 시각의 주장을 종합하여 스스로 결론지을 수 있도록 해야겠다는** 생각이 들었다.

이 책을 통해 좀 더 다양한 분야의 책들 또한 알아보아야겠다고 느끼는 계기가 되었다.

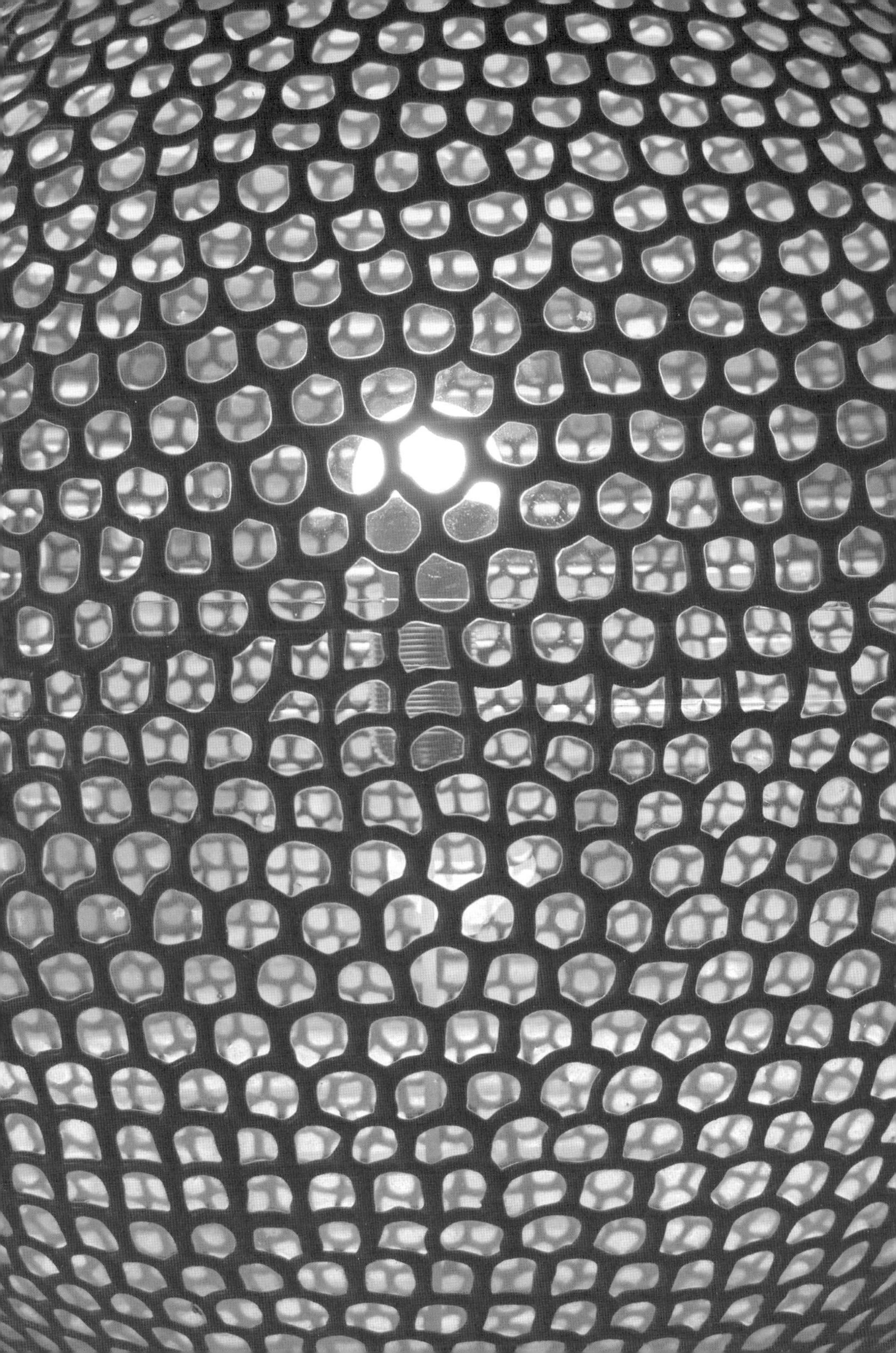

잊고 지냈던 감각들에 대하여

마이클 이스터, 《편안함의 습격》을 읽고

문명이 발달하며 인간의 삶은 이전과 비교할 수 없을 만큼 편리해지고 안전해졌다. 굶주림, 더위, 추위 같은 생존과 직결된 문제들은 더 이상 인생의 가장 중요한 걱정거리가 아니게 되었고, 또한 인류는 생존에 그치지 않고 더 안락하게 살아갈 방법을 모색하기 시작했다.

주거 공간의 온도를 마음대로 바꾸고 원하는 물건을 몇 걸음 움직여 손에 넣을 수 있게 되었다. 이러한 변화들은 인류를 이상적인 삶으로 인도하는 것처럼 보였고 분명히 상당 부분 달성하였다.

그러나 그 과정에서 인류는 많은 가치를 상실하게 되었다. 안전에 대한 본능적인 욕구를 추구하면서 인간 개개인은 자신을 작은 원, 이른바 컴포트 존에 가두기 시작했고, 역설적으로 신체적, 정신적으로 축소되어 취약해지고 말았다.

이는 모두 더 이상 시련을 겪지 않게 되었음에서 비롯된 것이다. 그리고 이 책이 다루고자 하는 내용이 바로 이러한 **시련, 자신을 극한의 상태로 몰아가는 일련의 과정의 회복**이라고 할 수 있을 것이다.

이 책에서는 저자가 직접 참가한 알래스카에서의 기나긴 수렵 활동이 책 전반에 걸쳐 소개된다. 안락함을 벗어나 마치 과거 인류로 회귀한 듯, 혹독한 오지에서 생존을 위해 굶주리며 사냥하고 추위를 견딘다. 육체가 몹시 고단함은 물론이고 어떤 전자기기도 없어서 정신 또한 적막과 지루함 속에서 높은 스트레스를 경험하게 된다.

일반적으로 누구든 경험하고 싶지 않을 경험을 통해, 오히려 저자는 가혹한 환경 속에서 안락에 가려져 있던 가치들을 발견하게 되었다고 말한다. 음식, 주거 같은 일상적 요소에 대한 감사부터 생명, 죽음에 관한 근원적 인식에 이르기까지.

여러 경험 중에서 내가 인상적이었던 것은 지루함에 관한 내용이었다. 현대 사회는 무한한 자극을 제공하고 있고 인간들은 자극의 홍수에 무방비로 노출된다.

이러한 환경에서 사유는 마비되고, 창의성을 비롯한 생각하는 힘 자체가 억압되고 있다. 여기서 벗어나 어떤 외부 자극도 없이 사냥감을 기다리는 등의 고요한 시간 속에서, 저자는 사유를 회복하게 되었다고 말한다.

극도의 지루함을 견뎌내자, 이윽고 평온한 뇌의 상태에 도달하게 되었고 이때 이르러서야 자기 성찰과 같은 내면에 귀를 기울이게 되었으며 청각, 시각을 비롯한 감각이 깨어나는 경험을 하게 되었다는 것이다. 지루함 속에서, 뇌는 스스로 지루함을 해소하기 위해 활동한다는 것이 저자의 이야기이다.

생각해보면 나도 이러한 경험을 비슷하게나마 겪어보았던 시기가 있었다. 고등학교 시절 종종 아침 일찍 일어나 학교까지 걸어가고는 했었는데 보통 음악을 들으면서 갔기 때문에 정신은 주로 음악에 집중되어 도착할 때까지 별다른 생각을 하지 않았다.

그러다 몇 번 아무것도 듣거나 보지 않으면서 오로지 걸어

갔던 적이 있었는데, 처음의 무료함을 지나자 어느 시점에서부터 자연스럽게 무언가를 생각하고 있는 나 자신을 발견하게 되었다.

평소에 아이디어로만 존재했던 것들, 이를테면 어떤 사물이나 이야기에 관한 것들이 구체적으로 떠오르기 시작했고, 잊고 있있던 것들도 어느새 수면 위로 올라오는 경험을 하게 되었다.

전혀 의식하지 않고도 내 뇌는 어느새 사유하고 있었다. 이후에도, 다른 외부 자극에 영향받는 상태에서는 그런 경험을 하기 어려웠고 몇 킬로 정도를 그저 걷는 등의 시간에서 경험할 수 있었다.

이런 점에서 최근에는 그런 고요하게 생각하는 시간이 없었다는 생각이 들었다. 항상 전자기기를 가까이 두고 끝없이 자극에만 몰두한 시간이 많았었는데, 이에 대해 생각해보면서 조금이라도 자극을 줄이고 뇌를 평온하게 하는 시간을 가져 보아야겠다고 느끼게 되었다.

당장 내 삶에 적용해보아야겠다고 느꼈던 것은 음식과 그 섭취에 관한 내용이었다. 저자는 배고픔에는 진짜와 가짜가 있다고 소개한다.

진짜 배고픔은 신체를 기능하게 하기 위한 생리적 작용이다. 반면 가짜 배고픔은 일종의 보상으로써 작용한다. 기분에 따라, 스트레스를 해소하기 위해서 등등, 신체가 아니라 심리적 요구를 채우기 위한 작용인 것이다. 여러 연구에 따르면 진짜 배고픔에 의한 식사는 20퍼센트에 불과하다고 한다.

그만큼 많은 현대인들이 가짜 배고픔에 이끌려 가공 식품을 섭취하며 건강을 위협하는 것이 현실인데 나 또한 여기서 자유롭지 못하다는 생각이 들었다.

최근 내가 먹었던 것들을 살펴보면 인스턴트, 패스트푸드 같은 고칼로리, 고지방 식품과 영양 균형이 맞지 않는 식사를 자주 했는데, 게다가 늦은 밤에 섭취하기까지 했다.

얼마 전부터 항상 속이 불편한 느낌을 받는 것이 이러한 식단 때문인 것 같다는 생각이 들었다. 대사 불균형이 암을 촉진한다는 대목에 이르러서는 이러한 식습관을 더 돌아보고 반성하게 되었다.

오랜만에 이러한 분량의 책을 읽어보고 생각을 정리하게 되었는데, 독서를 너무 멀리하고 있었다는 생각도 들었고 삶 전반에 걸친 큰 주제부터 지금 당장 점검하고 적용해 볼 수 있는 것들까지 파악하는 기회가 되었다.

잊고 있던 경험 같은 것들 또한 다시 떠올릴 수 있었으며, **일상에 내재되어 있는 것들을 파악하는 데에 주의를 기울여 보아야겠다**고 느끼는 계기가 되었던 책인 것 같다. 이 책에서 배운 내용을 실천하도록 노력해야겠다는 생각이 들었다.

쾌락과 고통 사이에서
애나 렘키, 《도파민네이션》을 읽고

현대인은 갖가지 쾌락을 추구하고, 현대 사회는 각양각색의 중독적 자극으로 넘쳐난다. 그리고 접근성이 커질수록 중독은 더욱 강화되는데, 기술 발전에 따른 대량생산은 그 접근성을 폭발적으로 증대시켰다.

분당 담배 4개비를 만들던 때에서 이제는 분당 2만 개를 생산하는 세상이 되었다. 이는 담배뿐 아니라 마약성 물질, 음식 등 다양한 분야에 걸쳐 그 종류, 효과를 다변화하며 더 가속되고 있다. 저자는 이를 도파민 경제라는 용어로 나타내고 있다.

이러한 중독과 그를 부추기는 산업 구조는 현대 사회에서 중요한 문제일 것이다. 쾌락과 고통 사이에서, 현대인의 쾌락 추구와 그 성질에 관해 자세히 설명하고자 하는 것이 본 책의 핵심 내용이라고 볼 수 있다.

모든 사람은 쾌락을 추구하고, 그 반대편에 놓인 고통을 회피 혹은 최소화하고자 한다. 그러나 아이러니하게도, 쾌락을 추구할수록 그 반대급부로 고통도 같이 커진다.

쾌락에는 고통이 항상 따라오게 된다. 인간 뇌의 이른바 자기 조정 메커니즘은 반사 작용처럼 쾌고의 항상성을 유지하려 하는 성질을 가지고 있기 때문이다. 문제는 여기서 기인한다.

특정 쾌락에 반복적으로 노출될 때, 쾌락 편향은 약화한다. 반면 고통 반응은 강화된다. 이는 신경 적응으로, 동일한 효과를 보기 위한 상한선이 계속 증가하게 되어 그에 대해 점차 내성을 얻게 되는 것이다.

이 같은 과정을 거치게 되면, 점점 고통 쪽으로 기울다 종국에는 수평 상태, 마음이 어느 쪽에도 치우치지 않은 상태에 도달하기 위해 중독 대상이 필요해지게 된다.

중독 증상의 환자들은 중독 대상이 더는 기대 효과를 가져

다주지 않음을 진술하는데, 이 단계에 이르게 되면 탐닉은 쾌락을 얻고자 함이 아니라 고통을 완화하는 과정으로 변질되고, 비참함을 남기게 된다.

이에 따라 환자는 불안감, 과민 반응, 불면증 등에 시달리며 서서히 파괴되어 간다. 중독은 또한 뇌를 근본적으로 바꾸어놓게 된다. 경험 의존 가소성에 의해 도파민 보상이 클수록, 두뇌 뉴런의 가지가 증대한다.

보상 회로 체계는 보상에 최적화되는 방식으로 변모하고, 영속적으로 일생 전체에 영향을 미치게 된다.

해당 부분을 다루면서, 나의 일상적인 중독적 습관을 돌아보았다. 가장 먼저 떠오른 것은 음식이었다. 이전에는 스트레스 상황에서, 자전거를 타거나 가벼운 운동 등을 통해 기분 전환을 했었다면, 요즘에는 먹는 것으로 그런 스트레스를 해소하려는 경우가 많아졌기 때문이다.

규칙적인 식사를 하지 않고 늦은 밤에 라면이나 과자를 먹는다던가, 일주일 대부분을 패스트푸드나 인스턴트 식품을 섭취하는 날이 이전에 비해 크게 늘어났다.

초기에는 간식을 하루에 한두 번 먹는 정도였다면 이후에는 빈도와 양도 많이 늘게 되었고, 몇 번은 괜찮겠지 하던 것이 현재는 일상적으로 변하게 되었다.

티가 나지 않을 때는 의식하지 않았었는데, 체중 증가나 속이 좋지 않은 날이 많이 생기게 되자 요즘에는 그에 대한 해결의 필요성을 느끼게 되었지만, 습관처럼 자리잡은 것을 끊으려니 많은 시도에도 결국엔 잘 유지하지 못했다.

이러한 **중독에 대해 저자가 제시한 해결책의 출발점은 자기 구속**이다. 이는 세 가지 범주로 나눌 수 있는데, 물리적 전략과 순차적 전략, 범주적 전략이다.

물리적 전략은 '쓰레기통에 버리고 그 쓰레기통마저 버려라'라는 문장으로 나타낼 수 있다. **물리적으로 나와 중독 대상 사이에 장벽을 만들고 거리를 두는 것**이다.

알코올 중독자가 집에 있는 술을 모두 버리고, 본인의 의지로 닿을 수 없는 곳에 보관하는 것처럼, 가장 직접적인 방법이다.

다음은 순차적 전략으로, **시간제한과 결승선을 설정하는 것**이다. 특정한 날짜, 기간을 두고 사용을 제한하는 것으로 사건, 목표를 기준으로 삼는 것도 좋다.

대상과 완전히 단절되는 것이 아니라 무분별한 접근을 차단하고 대상을 정해진 제한 내에 두는 방법이다.

마지막으로 범주적 전략은 **매우 광범위한 방안으로, 쾌락의 종류를 세분화하여 허락 범위를 정하고 직접적인 중독 대상뿐만 아니라 그와 연관된 계기도 차단하는 것**이다.

스포츠 도박 중독자가 단순히 해당 스포츠를 보지 않고자 하는 것이 아니라 그와 연관된 신문, TV 등도 시청하지 않기로 하는 방법이다.

이러한 방법을 보면서, 내가 시도했던 방법들이 이와 크게 다르지 않았다는 생각이 들었다. 아이스크림을 끊기 위해서 아예 그 가게가 있던 길을 피해 다니는 등, 스스로 실천하고자 했던 것들이 떠올랐기 때문이다.

생각해 보니, 마지막 방안인 범주적 전략이 내가 부족한 부분인 것 같다는 생각이 들었다. 큰 아이스크림을 사 오는 대신 작은 막대 아이스크림을 샀던 것처럼, 순차적 전략을 통해 어느 정도 효과를 보았지만, 종국에는 다시 많은 양을 섭취하게 되는 경우가 많았기 때문이다.

다음부터는 세 가지 전략 중에서 범주적 전략을 적극 적용하여 변화를 주어 보아야겠고 느낄 수 있는 계기가 되었다.

해석 없이 바라보기
수전 손택, 《해석에 반하여》를 읽고

문학, 음악, 회화를 비롯한 모든 예술은 비평과 떼놓을 수 없는 관계에 놓여 있다. 비평은 단순한 감상을 넘어 많은 영향을 주는데, 사람들은 영화를 보기 위해 평론가, 대중의 비평을 확인하고, 책을 고를 때도 추천사를 비롯한 평가를 확인하여 선택한다. 때로는 비평을 통해 숨겨진 가치를 드러내어 재발견되기도 하는 등, 작품을 완성하는 것은 바로 비평이라고 할 수도 있을 것 같다.

그러나 평가는 개인마다 극명한 차이를 보이기도 하고, 때로는 그 평가 자체가 그릇된 방식으로 이루어질 가능성도 내포하고 있는 경우가 많다. 그렇다면 어떻게 평가하고 해석하는 것이 가장 바람직할까? 이를 논한 것이 이 책 '해석에 반하여'의 내용 일부이다.

이 책은 작가가 개별적으로 쓴 에세이를 하나의 책으로 엮어내었는데 총 5부로 나뉘어 해석, 특정 예술가에 대한 고찰, 예술 현상 등에 대해 폭넓고 깊게 서술하는 방식을 취하고 있다.

책의 제목이기도 한 1장 '해석에 반하여'는 현대(글이 작성된 1960년대)의 작품에 대한 해석과 그 방법론에 대한 비판이 주요 내용이다.

저자는 '해석은 지성이 세상에 가하는 복수'라고 표현하며, **그릇된 해석이 작품을 이해하도록 돕는 것이 아니라 오히려 그를 훼손하고 있다고 비판했다.** 작품에서 의미, 내포된 요소를 파헤치려는 시도가 의미로 이루어진, 이른바 '그림자 세계'를 구축하려는 과정으로, 그것은 척박하며 고갈된 것이라는 이야기이다.

또한 예술에 속물주의가 작용해 작품을 축소 해석하여 독자를 길들이며, 다루기 쉽고 일련의 기대에 부합하도록 작품을 왜곡한다고 주장한다. 그리고 자극적인 해석에 대해서도 비판하는데 카프카, 베케트, 포크너 등의 예술가들에게

과도한 해석이 가해지는 것이 작품에 대한 불만과 그를 대체하려는 소망의 무의식, 의식적 작용이라고 서술한다.

그렇다면 **바람직한 논평이란 무엇인가?** 저자가 먼저 제시하는 것은 **예술의 형식에 집중하는 것**이다. 내용에 대한 지나친 강조가 해석의 오만을 낳으므로, 형식을 묘사하는 어휘를 사용하는 것이다.

예술에 대해 있는 그대로 파악하는 것으로, 이와 관련된 가치로는 '투명성'을 들 수 있다. 투명성은 사물 그대로를 경험하는 것으로 보고 듣고 느끼는 감각의 회복이 중요한 요소이다.

이 모든 것은 비평은 작품을 생생하게 만드는 것이어야 하지, 그를 파헤쳐 의미를 제시하는 것이 아니라는 시각이다.

이 장을 읽으면서, 해석이라는 행위에 대해 다시 생각해보게 되었다. 인터넷에서 어떤 작품에 대한 글을 읽어보면 장면, 요소 하나하나에 대해 의미를 끌어모으고 찾아내려는 글들이 많았는데 그러한 시각들이 오히려 작품에 대한 감상을 해칠 수 있다는 사실도 새롭게 알 수 있었다.

또한 내가 주로 남들이 써 놓았던 평가를 읽고 그를 곧 나의 평가처럼 여겼던 경우가 많은 것 같아 나 자신이 주체적으로 평가해야겠다는 생각이 들었다.

기억에 남았던 부분은 극작가 이오네스코에 관해 서술한 부분이었는데, 진부한 작품도 텍스트를 거슬러 공연하면 색다르게 표현할 수 있다는 이야기였다.

희극을 엄격하게 형식적으로, 무거운 이야기를 철저하게 익살극으로 나타내는 방식으로 공연하는 것이다. 이 내용을 읽으면서, 인터넷에서 보았던 상황과 전혀 상반되거나 예상하지 못한 방식으로 이를 표현하는 재미있는 영상들이 떠올라 굉장히 재치 있는 표현법이 수십 년 전부터 통용되는 방법이라는 사실을 알게 되어 신기했다.

이 책은 지면의 상당 부분을 특정한 예술가와 그의 작품, 그와 연관된 다른 인물들을 함께 논하는 내용으로 할애하고 있는데, 그 양이 방대하여 읽기가 쉽지만은 않았던 것 같다.

특히 다루는 인물들이 연극이나 미학에 관한 비평 같이 내가 잘 모르고 전문적인 분야에 관한 사람들이었고, 예술에 관해 본격적으로 논하는 책을 처음 읽어보는 것이었기 때문에 읽기 꽤 어려웠던 것이 사실이다.

그럼에도 저자의 예술에 관한 논의와 관점을 꽤 흥미롭게 읽어볼 수 있었던 좋은 기회였다.

접촉이 없는 세상

크리스티 로젠, 《경험의 멸종》을 읽고

본 도서에 나타나는 멸종하는 경험이란, 인류가 오랜 세월 동안 거쳐온, 상대적으로 적은 매개를 거치는 직접적인 경험을 말한다.

기술이 발전하면서 현대 사회는 점점 가상에 기반하는 부분이 커지고 있다. 그리고 이러한 상황에서 변화한 인간 경험은 점점 그 중요성과 의미가 퇴색되어 가고 있다.

사람들은 더 이상 계산대 뒤에 누가 서 있는지를 신경 쓰지 않는다. 바로 옆에서 일어나는 일에 대해서도 화면을 들여다보느라 의식하지 못하거나, 신경 쓰지 않고 폭력이 발생하면 제지하거나 신고하지 않고 수많은 군중 속에서 휴대폰을 꺼내 촬영한다.

이전에 직원들이 있던 자리는 키오스크, 자동화 기계로 대체되며 매개된 경험은 점점 확산되고 있다. 이 지점에서 대면 상호작용의 필요성은 역설적으로 증가한다.

사람들이 대면하지 않게 되면서 타인에 대한 이해는 좁아지고 공감 능력은 떨어진다. 가상의 상호작용이 증가하는 만큼 타인에 대한 관심은 점점 사소해지는 것이다. 그리고 관심을 둔다는 것은 물리적 존재에 대해 시간을 할애한다는 의미이다. 이 간극은 뛰어난 기술로도 메우기 어렵다.

흥미로운 점은 기다림과 지루함의 멸종이다. 현대 사회는 그것을 악으로 규정하고 갖가지 오락, 스마트폰, 콘텐츠 등을 통해 그것을 없애는 일에 혈안이 되어 있다. 많은 사람은 이를 긍정적인 효과로 생각하지만, 그 결과 사람들은 주의력, 인내심을 빼앗겼다.

몇 초의 간격도 기다리기 힘들어하며 끊임없이 다른 정보를 찾아 나서고, 이는 생각하는 힘 또한 앗아갔다. 아이러니한 점은 이러한 오락의 범람에도 완전한 편안함을 느끼지 못한다는 것이다.

이런 사회에서 강조되는 것은 아날로그적인 것이다. **감정을 들여다보고, 화면이 아닌 얼굴로 소통하고, 각자의 개인적 공간에서 벗어나 공적 공간에서 사회적 충동을 번성시켜야 한다.**

그러한 공간이 항상 완벽하며 유용한 결과만 도출하지는 않겠지만, 우리가 잃어버린 것들에 대해 숙고하고 그에 대해 회복하려는 시도가 사회를, 개인을 더 나은 방향으로 이끌어 갈 수 있을 것이다.

이 책은 제목이 굉장히 이상하게 느껴졌던 탓에 한눈에 관심을 가지게 되었던 도서이다. 현대 사회는 기술의 발전에 힘입어 이전과는 비교할 수 없는 방대한 정보량을 다루게 되었고 이에 따라 더욱 확장된 경험의 기회를 제공한다고 여겼는데, 오히려 경험이 소멸하고 있다는 주장이 상당히 아이러니하게 다가왔다.

하지만 책을 읽으며 제목이 의미하는 바가 단순한 경험이라는 의미가 아닌 특정한 종류의 경험을 말한다는 사실을 깨닫고 난 후에는 다른 시각으로 많은 것들을 확인할 수 있었다.

명성은 어떻게 만들어질까
캐스 선스타인, 《페이머스 : 왜 그들만 유명할까》를 읽고

이 책은 누구나 궁금해할 만한 질문에 대해 다루고 있다. 유명한 사람, 성공한 사람들은 왜 그렇게 되었을까? 비슷한 능력과 조건을 갖추고 있어도 왜 누군가는 성공하고, 누군가는 잊혀지는가? 나 또한 이러한 의문을 품고 있었기 때문에 이 책에 대해 쉽게 흥미를 갖게 되었다.

초반부에서는 명성과 예술을 결부하여 이야기한다. 가령 모나리자라는 작품은 현대에는 걸작으로 꼽히지만, 그 당시에는 좋은 그림일 뿐 그만한 평가는 받지 못했다. 수백 년 후에 위대한 작품의 반열에 오르는 데는 그림 내부가 아니라 수많은 외부의 사건이 있었기 때문이다. 복잡한 요인들 가운데 책에서는 대표적으로 이 그림이 도난당했던 사건을 예로 들면서, 만약 이 사건이 없었다면 모나리자가 지금의 명성을 획득했을지는 알 수 없다고 말한다.

즉 어떤 대상이 단지 그 자체만으로 거대한 인기를 얻는다고 볼 수는 없다는 것이다. 음악을 대상으로 한 실험에서도 같은 결론을 발견했다.

어떤 곡들의 인기도는 단지 노래의 수준에 비례하지 않았다. 타인의 평가와 같은 외부 요인이 평가에 영향을 줄 수 있었다.

이어지는 내용에서는 문화 시장에 대해 그래프의 형태로 살펴본다. 일반적으로 키, 출생 시 체중과 같은 신체적 수치의 통계 혹은 인구 집단의 독해 능력, 직업 만족도 같은 사회적 수치의 통계는 언덕 모양의 정규분포를 따른다.

그러나 문화 시장에서 이익의 그래프는 급격한 기울기의 멱법칙 분포를 보인다. 극소수의 성공한 세력이 독식이라고 할 수 있을 만큼 많은 이익을 차지한다는 것이다.

이는 명성에 관해서도 마찬가지였다. 명성 또한 극단적으로 편향된 모습을 보였다. 말하자면 “유명할수록 더 쉽게 유명해진다.” 타인의 성취와 영향에 대한 우리의 이해는 왜곡

될 수밖에 없는 것이다.

이에 관해 저자는 '정보 폭포'라는 개념을 가져온다. **우리는 합리적 행동을 가정하기 때문에, 수많은 정보의 폭포 속에서 타인의 선택 즉 '군중의 지혜'에 의존, 의거하는 경향이 있는데 이 안에서 자칫 함정에 빠질 수 있다.** 소수의 관점을 마치 다수의 의견처럼 왜곡시켜 과대평가할 수 있다는 것이다.

또한 '평판 폭포'라는 개념도 소개한다. 우리는 단지 합리적인 행동만을 취하지는 않고, 스스로가 판단을 내릴 수 있다고 하더라도 타인과의 관계에서 나의 이미지, 평판을 신경 쓰며 타인의 의견에 동조하기도 한다는 이야기이다. 이는 인터넷상에서 익명의 관계에서도 예외가 아니며 일종의 사회적 압력으로 작용할 수 있다.

이와 연결되는 이야기로서 '네트워크 효과', '집단 양극화' 현상도 설명하고 있다. 어떤 집단에 소속되고자 하는 마음은 비슷한 기호를 가진 사람들을 결집시키고, 집단이 커질수록 그 대상이 갖게 되는 가치는 빠르게 불어나게 된다.

이것이 네트워크 효과이다. 그렇게 커진 같은 성향의 사람들이 모인 집단의 의견은 점점 극단적으로 되는데 이를 집단 양극화라고 한다.

결론적으로, 이 책은 **어떤 사례에서도 통하는 성공의 법칙은 없다**고 말한다. 이 책의 제목은 저자의 말처럼 그저 솔깃한 속임수에 가깝다.

우리는 여러 사례에서 공통점을 발견할 수 있으나 그 요소들이 성공을 담보하진 않는다. 저자의 의견에 따르면 수많은 외부 요인들이 작용하지만, 그중에서 가장 중요하면서도 본질적이라고 할만한 것은 결국 '운'이다.

비슷한 능력과 노력에도 불구하고 누군가는 성공하고 누군가는 그렇지 못할 수 있다.

그러나 이런 이야기가 모든 것이 운에 따른다는 이야기는 아니다. 일정한 수준이라는 것은 분명 존재하고, 수준 미달의 대상은 명성을 얻을 가능성이 희박하다. 다만 비슷한 수준의 대상들이 항상 같은 대우를 받게 되는 것은 아닐 수 있다는 것이다. 또한 이 결론은 단지 허무한 결론만으로 보이지는 않는다. 우리 사이의 누군가, 혹은 자신이 운이 없을 뿐인 사람인지는 아무도 모르는 일이다.

이 책을 읽고 정리하면서 여러 사회 현상들의 구조, 함의를 알아갈 수 있어 상당히 유익했다. 그리고 운과 노력이라는 상반되어 보이는 두 요소가 어떻게 결합하여 성취를 이끌어내는지에 대해서 생각해볼 수 있는 시간이라 뜻깊었다.

사유의 노트 #7

어빙 고프먼
일상이라는 무대에서 자아가 연기되는 방식

우리는 언제부터 역할을 연기하기 시작하는가

어빙 고프먼(Erving Goffman, 1922–1982)은 인간의 일상을 연극 무대에 비유했다. 그는 사람들이 진짜 자아를 숨기고 거짓된 자아를 연기한다고 말하지 않았다. 대신, **자아란 애초에 상황 속에서 만들어지고 조정되는 것**이라고 보았다. **우리는 언제부터 스스로를 설명하기 시작하는가.**

고프먼에게 사회는 규칙의 집합이 아니라, 상호작용이 끊임없이 연출되는 장면들의 연속이었다.

전면, 후면, 인상관리

고프먼의 핵심 개념은 세 가지다.

첫째, 전면(front stage)이다. 우리는 타인의 시선 앞에서 기대되는 역할을 수행한다. 말투, 표정, 옷차림은 모두 무대의 일부다.

둘째, 후면(back stage)이다. 관객이 없는 공간에서 우리는 역할을 잠시 내려놓는다. 그러나 이곳조차 완전히 자유로운 공간은 아니다.

셋째, **인상관리**다. 우리는 타인이 우리를 어떻게 볼지 끊임없이 조정한다. 자아는 고정된 실체가 아니라, 관계 속에서 유지되는 이미지에 가깝다.

일상은 작은 공연들로 이루어져 있다

고프먼은 병원, 학교, 식당, 거리 같은 일상의 공간을 관찰하며, 사람들이 어떻게 상황에 맞는 자아를 연출하는지를 분석했다. 그에게 중요한 것은 진짜와 가짜의 구분이 아니라, **상황이 요구하는 적절함**이었다.

우리는 각 장면마다 다른 배역을 맡는다. 친구 앞의 나, 상사 앞의 나, 혼자 있을 때의 나는 모두 다르지만, 모두 같은 사람이다.

연기의 피로

그러나 이 연기는 비용을 남긴다. 기대되는 역할과 실제 감정 사이의 간극이 커질수록, 사람들은 소진된다. 고프먼은 이를 병리로 규정하지 않았지만, 그 피로를 분명히 관찰했다.

그의 이론은 인간이 얼마나 많은 조정을 하며 살아가는지를 보여준다.

우리는 어떤 무대에 서 있는가

오늘날 우리는 오프라인뿐 아니라 온라인에서도 무대에 선다. 프로필, 게시물, 댓글은 또 다른 전면이다.

고프먼의 질문은 현대사회에서도 여전히 유효하다. 지금 이 순간, 나는 어떤 역할을 연기하고 있는가. 그리고 그 무대는, 내가 선택한 것인가.

사유의 노트 #8

앤서니 기든스
우리가 만든 구조가 다시 우리를 만드는 방식

구조는 우리 바깥에만 있는가

앤서니 기든스(Anthony Giddens, 1938–)는 사회를 개인을 억누르는 틀로만 보지 않았다. 동시에 개인이 사회를 자유롭게 바꿀 수 있다고도 말하지 않았다. 그는 이 둘 사이의 오래된 대립을 하나의 질문으로 바꿨다. **우리는 구조 속에 있는가, 아니면 구조를 만들고 있는가.**

기든스는 이 둘이 분리된 것이 아니라, **동시에 일어나고 있다**고 보았다. 사회는 고정된 배경이 아니라, 우리가 매일 반복하는 행동 속에서 유지되고 변화하는 과정이다.

구조화 이론의 핵심

기든스의 이론은 세 가지 생각으로 요약된다.

첫째, 이중성(duality)이다. 구조는 행동의 결과이면서 동시에 조건이다. 우리는 규칙을 따르며 행동하지만, 그 행동이 다시 규칙을 유지시킨다.

둘째, 재귀성(reflexivity)이다. 현대인은 자신의 행동과 환경을 끊임없이 점검하고 수정한다. 우리는 단순히 반응하지 않고, 스스로를 해석하며 살아간다.

셋째, **시간과 공간의 확장**이다. 현대 사회에서는 직접 보지 못한 사람과도 관계를 맺고, 멀리 있는 사건이 우리의 삶에 영향을 준다.

일상의 반복이 사회를 만든다

기든스에게 사회는 거대한 제도가 아니라, 아침에 일어나고, 출근하고, 대화하고, 선택하는 **반복된 일상**이다. 우리는 그 속에서 규칙을 사용하고, 기대에 맞춰 행동하며, 동시에 그것을 재생산한다. 그래서 변화는 특별한 순간이 아니라, 일상의 균열에서 시작된다.

자유의 조건

기든스는 인간을 단순히 구조에 묶인 존재로 보지 않았다. 우리는 규칙을 이해하고, 때로는 어기며, 새롭게 해석할 수 있는 능력을 가진다. 그러나 그 가능성은 항상 이미 존재하는 조건 위에서만 열린다.

자유는 구조 바깥이 아니라, **구조 안에서 움직일 수 있는 여지**로 존재한다.

사유의 노트 #9

울리히 벡
위험을 생산하는 사회를 분석한 사상가

풍요 뒤에 남겨진 새로운 불안

울리히 벡(Ulrich Beck, 1944–2015)은 현대 사회를 '위험사회(Risk Society)'라고 불렀다. 과거의 위험이 자연재해나 외부의 위협에서 왔다면, 오늘날의 위험은 인간이 만든 제도와 기술, 선택의 결과로 생성된다. 산업과 과학, 경제는 풍요를 약속했지만, 동시에 눈에 보이지 않는 불안과 불확실성을 만들어냈다.

벡이 탐구한 질문은 이것이다. **우리는 왜 더 안전해졌다고 말하면서, 동시에 더 불안해졌는가.**

위험, 성찰성, 개인화

벡의 사상을 떠받치는 핵심 개념은 세 가지다.

첫째, **위험**이다. 현대 사회의 위험은 확률로 계산되지만, 누구도 완전히 책임지지 않는다. 오염, 방사능, 금융 위기, 기후 변화는 국경과 계층을 넘어 확산된다.

둘째, **성찰적 근대화**다. 사회는 스스로 만든 위험을 다시 성찰하고 수정하려는 단계로 들어섰다. 발전의 기준 자체가 재검토된다.

셋째, **개인화**다. 전통과 집단이 약해지면서, 위험과 선택의 책임이 개인에게 전가된다. 실패는 구조가 아니라, 개인의 문제처럼 해석된다.

보이지 않는 위험이 사회를 재편한다

벡에게 위험은 단순한 공포가 아니라, 사회 구조를 재편하는 힘이다. 위험을 둘러싼 논쟁은 정치, 과학, 경제의 관계를 바꾸고, 시민을 전문가 판단에 의존하게 만든다. 사회는 더 이상 분배의 문제만이 아니라, **위험을 어떻게 나눌 것인가**의 문제로 이동했다.

우리는 어떤 위험을 감수하며 살고 있는가, 그리고 그 선택은 누구의 것인가. 현대인은 더 이상 위험을 피하는 존재가 아니라, **위험을 관리하며 살아가는 존재**다.

불안의 민주화와 책임의 공백

위험은 모두에게 영향을 미치지만, 그 책임은 분산된다. 벡은 이를 '조직된 무책임'이라 불렀다. 누구도 원하지 않았지만, 모두가 가담한 결과가 현대의 위험이다.

4부

음악, 취향

좋은 음악이란 무엇일까. 상당히 어려운 문제가 아닐 수 없다.

음악은 서로를 이해하기 어려운 분야인 듯하다. 음악 취향이라는 것은 이해에서 상당히 떨어져 있는 것으로서, 극단적인 선호의 영역에 위치한다고 보이기 때문이다.

아무리 곡의 구성을 따지고 앨범 내의 유기성이니, 악기의 배치를 설명해도 일반적으로는 큰 영향이 없다. 단적으로 '안 좋기 때문'에, 곡에 대한 이해가 선호를 불러일으키기는 어려운 것이다.

요즘 SNS에서 특정 곡에 대해 다루는 게시물을 보게 되면, 댓글 창에서 거의 항상 별로다, 좋다 하는 의견끼리 다투는 모습을 발견할 수 있다. 이때 서로를 속칭 '음알못'으로 매도하며 릴레이 매치를 벌이게 된다.

최근 본 노래 게시물 중 가장 논쟁이 뜨거웠던 영상을 보니, 좋다고 하는 사람들은 안 좋다는 사람들을 우매한 대중으로, 그 가수보다 음악적인 식견이 낮은 대중들이 무엇을 평가하냐고, 음악에 대해 뭘 알기나 하느냐 하는 공격을 펼치고 있었다.

이런 식의 대립 속에서, 끝으로 갈수록 의견은 단지 공격성만을 띠고 있었으며 서로가 이해할 수 있는 지점에 결코 도달하지 못했다.

이는 모두 음악이 이해의 영역만이 아니라는 것을 잊고 있기 때문에 벌어지는 것이 아닌가 한다. 한 개인에게 좋게 다가온 음악이, 모두에게도 좋아야 한다는 법은 없다. 어떻게 보면 음악적 이기주의라고 말할 수도 있을 것 같다.

음악에 대한 이야기를 하다 보면, 취향에 대해서도 말하지 않을 수 없다. 요즘 취향이라는 것에 드는 생각은, 점차 취향이 획일화되는 경향이 크지 않은가 하는 것이다.

남들과 똑같은 옷을 입고, 똑같은 장소에 가서 같은 사진을 찍는다. 유행에 모두가 기꺼이 참여하고자 하며, 어떤 대상에게 있어 다른 무엇보다 유명하다는 것이 제일의 가치로 여겨지는 것 같다.

이러한 흐름에서 취향이라는 것은 점점 변질되고 있다는 생각이 든다. 이제는 향유하지 않는 자를 소외시키기에 이르렀다.

다수의 사람이 향유하는 대상, 이른바 주류 문화가 거슬린다거나, 유행이라는 현상이 좋지 않다거나 하는 것은 아니다. 다만 이런 현상이 사회의 주요한 흐름으로서 기능하게 될 때, 건강한 문화가 형성되기가 어렵지 않을까 하는 경계를 가질 뿐이다.

고유한 특성이라는 개념으로서 취향이 폭넓게 받아들여질수록 문화가 더욱 좋은 방향으로 나아가기를 기대할 수 있을 것이다.

반복의 의미
레오짱 외, 《성공한 사람들의 세가지 루틴》을 읽고

어느 순간부터 나는 성공이라는 단어를 자주 쓰지 않게 되었다. 그 말이 나에게는 지나치게 많은 의미를 담고 있는 것처럼 느껴졌기 때문이다. 성취나 비교, 속도나 인정 같은 단어들이 한꺼번에 떠올라서, 내 삶과는 잘 맞지 않는 단어처럼 보였다.

그래서 《성공한 사람들의 세 가지 루틴》을 읽게 되었을 때도, 이 책이 나를 바꿀 것이라고 기대하지는 않았다. 다만 오래 멈춰 있던 나의 생활을 다시 바라볼 수 있는 계기가 되었으면 했다.

이 책은 성공을 목표로 삼기보다, 하루를 어떻게 살아가는지를 이야기한다. 신체, 역량, 정신이라는 세 영역으로 나누어진 구조는 처음에는 다소 추상적으로 느껴졌지만, 읽다 보니 내가 평소 잘 돌보지 않았던 부분들이라는 생각이 들었다.

몸은 자주 지쳐 있었고, 실력은 정체된 느낌이었으며, 마음은 쉽게 흔들렸다. 나는 변화에 대해 자주 말했지만, 그것을 지탱해 줄 생활의 틀은 만들어 두지 않았던 것 같다.

그동안 나는 하루의 많은 시간을 휴대폰과 보냈다. 무언가를 하겠다는 생각으로 휴대폰을 들었다가, 어느새 의미 없는 영상과 짧은 글들을 넘기며 시간이 흘러가곤 했다. 스크린 타임을 확인해 본 날, 생각보다 훨씬 긴 숫자를 보고도 놀라지 않았다. 이미 익숙해져 있었기 때문이다.

특별히 피곤한 것도, 즐거운 것도 아닌 상태로 몇 시간을 흘려보내고 나면, 하루가 비어 있는 느낌만 남았다. 해야 할 일도, 하고 싶었던 일도 손대지 못한 채로 말이다.

SNS를 통해 다른 사람들의 삶을 들여다보는 시간도 점점 길어졌다. 누군가의 성취나 일상을 보며 잠시 자극을 받지만, 그 감정은 오래가지 않았다. 오히려 화면을 끄고 나면 괜히 마음이 가라앉고, 내가 뒤처지고 있다는 생각이 들 때도 있었다. 하지만 정작 그 시간 동안 나는 아무것도 하지 않았다는 사실을 외면하고 있었다.

이 책에서 말하는 루틴을 읽으며, 나는 처음으로 이 시간을 어떻게 쓰고 있는지를 돌아보게 되었다. 성공한 사람들의 하루는 대부분 비슷한 구조를 가지고 있었다.

일정한 시간에 일어나고, 몸을 움직이며, 자신을 정리하는 시간을 따로 마련한다. 그 단순한 반복이 쌓여 그들의 삶을 만들고 있었다. 반면 나는 반복하고 있는 것이 무엇인지조차 명확하지 않았다. 그저 흘려보내는 시간만 쌓이고 있었을 뿐이었다.

책에 등장하는 사람들의 루틴은 특별해 보이지 않았다. 같은 시간에 일어나고, 짧게 운동 하며, 하루를 기록하는 정도였다. 하지만 그 반복이 오랫동안 이어졌고, 그 시간들이 지금의 그들을 만들었다는 점에서 의미 있게 다가왔다.

나는 그동안 변화는 커야 한다고 생각해 왔지만, 이 책을 통해 변화는 아주 작은 것에서 시작될 수도 있다는 생각을 하게 되었다.

늘 그날의 기분과 상태에 따라 하루를 보냈다. 괜찮은 날에는 의욕이 생겼지만, 조금만 흐트러져도 아무것도 하지 못했다. 그러다 보면 다시 휴대폰을 들고, 아무 생각 없이 화면을 넘기며 시간을 보냈다.

이 책을 읽으며, 나에게 필요한 것은 더 큰 결심이 아니라, 나를 지탱해 줄 일정한 구조라는 생각이 들었다. 감정이 흔들려도, 의욕이 사라져도, 대신 움직여 줄 무언가가 필요했다.

이제 나는 성공을 멀리 있는 목표로 생각하지 않게 되었다. 대신, 하루를 어떻게 보내는지가 쌓여 만들어지는 결과로 바라보게 되었다.

화면을 넘기며 흘려보내는 시간 대신, 짧게라도 나를 관찰하는 시간을 만들고 싶다는 생각이 들었다. 그 변화가 언제 눈에 보일지는 알 수 없지만, 지금의 나에게는 충분한 이유가 된다.

이 책은 무엇을 이루라고 말하기보다는, 어떤 하루를 살고 싶은지를 생각하게 했다. 나는 그 질문을 쉽게 넘기지 않기로 했다. 완벽하지 않아도 괜찮으니, **내가 계속할 수 있는 습관을 하나씩 만들어 보고 싶다.**

나에게 맞는 속도로 살아도 괜찮다

김경일, 《적정한 삶》을 읽고

나는 한동안 내가 충실하게 살고 있지 않다는 느낌 속에서 지냈다. 특별히 부족한 것이 있는 것도 아닌데, 늘 무언가 빠져 있는 기분이었다. 하루를 보내고 나면 '오늘도 잘 보냈다'기보다 '오늘도 제대로 못했다'는 생각이 먼저 들었다.

더 잘해야 할 것 같고, 더 빨라야 할 것 같고, 더 많이 가져야 할 것 같은 마음은 언제나 나를 재촉했다. 그러면서도 무엇을 향해 가고 있는지는 잘 알지 못한 채, 그저 뒤처지지 않기 위해 애쓰는 기분으로 하루를 반복하고 있었다.

《적정한 삶》이라는 제목을 처음 보았을 때, 그 말은 어딘가 낯설고 어색하게 느껴졌다. 적정하다는 말은 충분하지도, 넘치지도 않은 상태를 떠올리게 한다. 나는 늘 더 나아져야 한다고 믿으며 살아왔기 때문에, 적정이라는 단어는 왠지 멈추라는 말처럼 들렸다.

그러나 책을 읽으며 적정한 삶은 포기나 타협이 아니라, **나에게 맞는 기준을 찾는 과정**이라는 것을 알게 되었다.

김경일 교수는 우리가 진짜로 원하는 것과, 사회가 우리에게 요구하는 욕망을 구분하지 못한 채 살아가고 있다고 말한다. 나는 이 문장을 읽으며 고개를 끄덕일 수밖에 없었다.

나는 늘 내가 무엇을 원하는지보다, 남들이 무엇을 중요하게 여기는지에 더 민감했다. 성취에 대한 기준도, 속도에 대한 기준도, 대부분은 타인의 것이었다.

특히 나는 계획이라는 이름으로 나 자신을 몰아붙여 왔다. 해야 할 일 목록을 빼곡히 적어두고, 그중 절반도 해내지 못하면 자신을 게으르다고 여겼다.

계획을 세우는 데에는 많은 시간을 쓰면서도, 그 계획을 살아내는 데에는 늘 지쳐 있었다. 잘 해내지 못한 날이면 이유를 찾기보다 나 자신을 먼저 비난했다. 이 책을 읽으며, 내가 만든 기준이 나를 돕기보다 오히려 억압하고 있었다는 생각이 들었다.

또 한편으로 나는, 이미 충분히 해낸 일보다 하지 못한 일에 더 오래 머무는 사람이었다. 하루를 돌아볼 때도, 잘 해낸 것보다 아쉬운 점을 먼저 떠올렸다.

다른 사람들의 속도와 나의 속도를 자연스럽게 비교하며, 나만 뒤처진 것처럼 느끼기도 했다. 그러나 이 책은, 그런 비교가 나의 삶을 더 잘 살게 만들지 않는다고 말한다. 오히려 나를 나 자신으로부터 멀어지게 할 뿐이다.

이 책에서 말하는 행복은 더 많이 가지는 상태가 아니라, **좋은 감정을 자주 느끼고, 의미 있는 관계를 유지하며, 자신에게 괜찮다고 말해줄 수 있는 상태**다. 나는 그동안 행복을 도착 지점처럼 생각해 왔다. 그러나 이 책을 읽고 나서, 행복은 목표가 아니라 삶을 대하는 태도에 가깝다는 생각이 들었다.

이제 나는 더 잘 살아야 한다는 말보다, 나에게 맞는 속도로 살고 싶다는 말을 더 자주 떠올리게 된다. 남들보다 느릴 수도 있고, 덜 성취했을 수도 있지만, 그것이 곧 잘못된 삶은 아니라는 생각이 조금씩 자리 잡고 있다. 여전히 불안은 사라지지 않지만, 그 불안을 조금 더 이해하려고 노력하게 되었다.

《적정한 삶》은 나에게 정답을 주기보다, 나 자신을 대하는 태도를 다시 묻게 했다. 그리고 지금의 나에게 필요한 것은 더 큰 목표가 아니라, **조금 덜 흔들리는 하루일지도 모른다.**

나를 지키는 기준에 대하여
라이언 홀리데이, 《절제 수업》을 읽고

나는 내가 원하는 삶과는 다른 방향으로 하루를 보내고 있다는 느낌을 받는다. 해야 할 일을 알면서도 미루고, 그 결과가 어떤지 알면서도 같은 선택을 반복한다. 그러다 보면 어느 순간부터 나 자신에게 실망하게 되고, 그 이유를 상황이나 환경 탓으로 돌리게 된다.

더 나아지고 싶다는 마음은 분명한데, 그 마음을 오래 붙잡고 행동으로 이어 가는 일은 생각보다 쉽지 않았다. 이 책을 읽으며, 내가 부족했던 것은 의지나 능력이 아니라 나를 붙잡아 줄 기준이었을지도 모른다는 생각이 들었다.

《절제 수업》에서 말하는 절제는 단순히 참는 태도가 아니다. 저자는 절제를 나를 제한하는 규칙이 아니라, 나를 지켜 주는 기준으로 설명한다. 나는 그동안 자유를 하고 싶은 것을 마음껏 하는 상태로 생각해 왔다.

그러나 그렇게 살아온 시간 끝에서 마음이 가벼워지기보다는 오히려 더 공허해지는 순간을 자주 경험했다. 이 책을 통해 자유는 선택이 많아지는 상태가 아니라, 나에게 필요하지 않은 선택에서 벗어나는 과정일 수 있다고 생각하게 되었다.

책은 우리가 정말 끊어야 할 것은 어떤 습관이 아니라, 그 습관에 매달리게 만드는 의존성이라고 말한다. 나는 이 문장을 읽으며 내가 어떤 행동 그 자체보다도, 그 행동이 없으면 불안해지는 상태에 더 가까웠다는 사실을 떠올렸다.

하루를 버티기 위해 반복하던 선택들은 나를 쉬게 하기보다 오히려 더 지치게 했다. 멈추지 못했던 이유는 필요해서가 아니라, 기대고 있었기 때문이었다는 생각이 들었다.

절제는 욕망을 없애는 것이 아니라, 욕망을 다룰 수 있는 힘을 기르는 일이라는 설명도 인상 깊었다. 나는 그동안 욕망을 통제해야 할 대상으로만 여겨 왔다.

그러나 이 책은 욕망을 억누르기보다, 그 출발점을 바라보고 그로부터 거리를 둘 수 있어야 한다고 말한다. 그렇게 자신을 조절할 수 있을 때, 선택은 충동이 아니라 나의 판단이 된다.

이 책을 읽으며 오래 마음에 남은 문장이 있다. 삶에서 중요한 것은 재능보다 기질이며, 자제력이다. 나는 그동안 재능이 인생의 방향을 결정한다고 믿어 왔다. 잘하는 것이 있어야 의미 있는 삶을 살 수 있다고 생각했기 때문이다.

그러나 재능이 있더라도 그것을 지켜 내고, 이어 가지 못하면 결국 멈출 수밖에 없다는 사실을 이 문장을 통해 다시 생각하게 되었다. 나에게 부족했던 것은 능력보다도 나 자신을 관리하는 태도였던 것 같다.

나는 그동안 나에게 너무 쉽게 관대해 왔다. 조금 힘들면 쉬어도 된다고, 조금 귀찮으면 미뤄도 된다고 말하며 나를 설득했다.

그런 말들은 순간적으로 나를 위로했지만, 시간이 지나면 나 자신을 더 믿기 어렵게 만들었다. 재능이 부족해서가 아니라, 자신을 다루지 못한다는 감각이 나를 더 불안하게 만들고 있었다.

책에서 소개하는 네 가지 미덕, 용기, 절제, 정의, 지혜는 서로 다른 덕목처럼 보이지만, 읽다 보니 하나의 태도처럼 느껴졌다. 두려움을 외면하지 않는 용기, 자신을 다스리는 절제, 타인과의 관계 속에서 균형을 지키는 정의, 그리고 이 모든 것을 판단하는 지혜는 내가 어떤 삶을 살고 싶은지를 묻는 기준처럼 다가왔다.

이제 나는 무엇을 더 가져야 할지를 고민하기보다, 나에게 무엇이 필요한지를 먼저 생각하려고 한다. 여전히 흔들리지만, 예전처럼 그 흔들림을 그대로 따르지는 않으려고 한다. 잠시 멈춰 서서 지금의 선택이 나에게 어떤 의미인지 돌아보려 한다.

《절제 수업》은 나에게 더 강해지라고 말하지 않는다. 대신 **나 자신을 함부로 대하지 말라**고 말하는 책처럼 느껴졌다. **나는 이제 더 많은 것을 원하기보다, 나를 지킬 수 있는 방향으로 살아가고 싶다.**

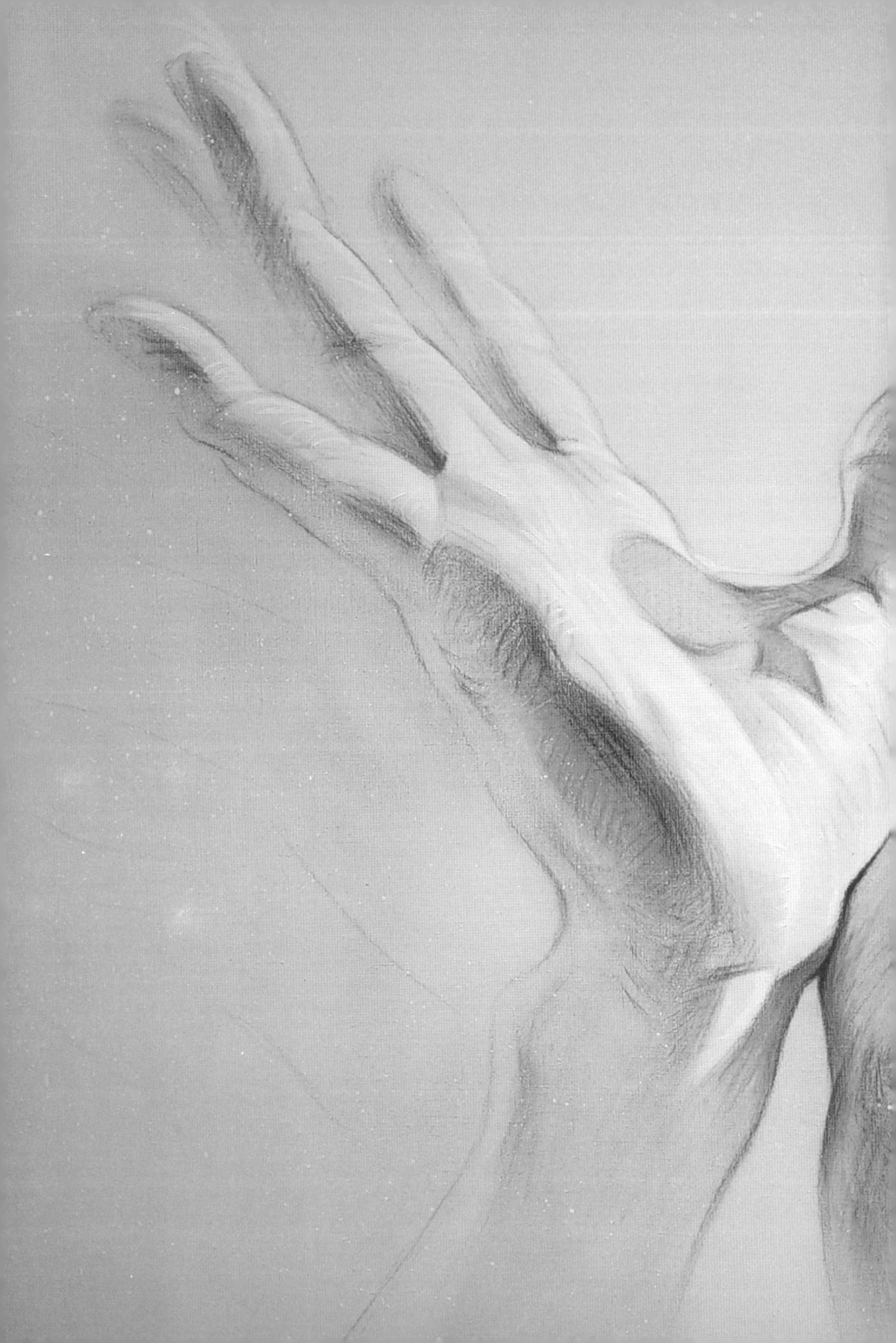

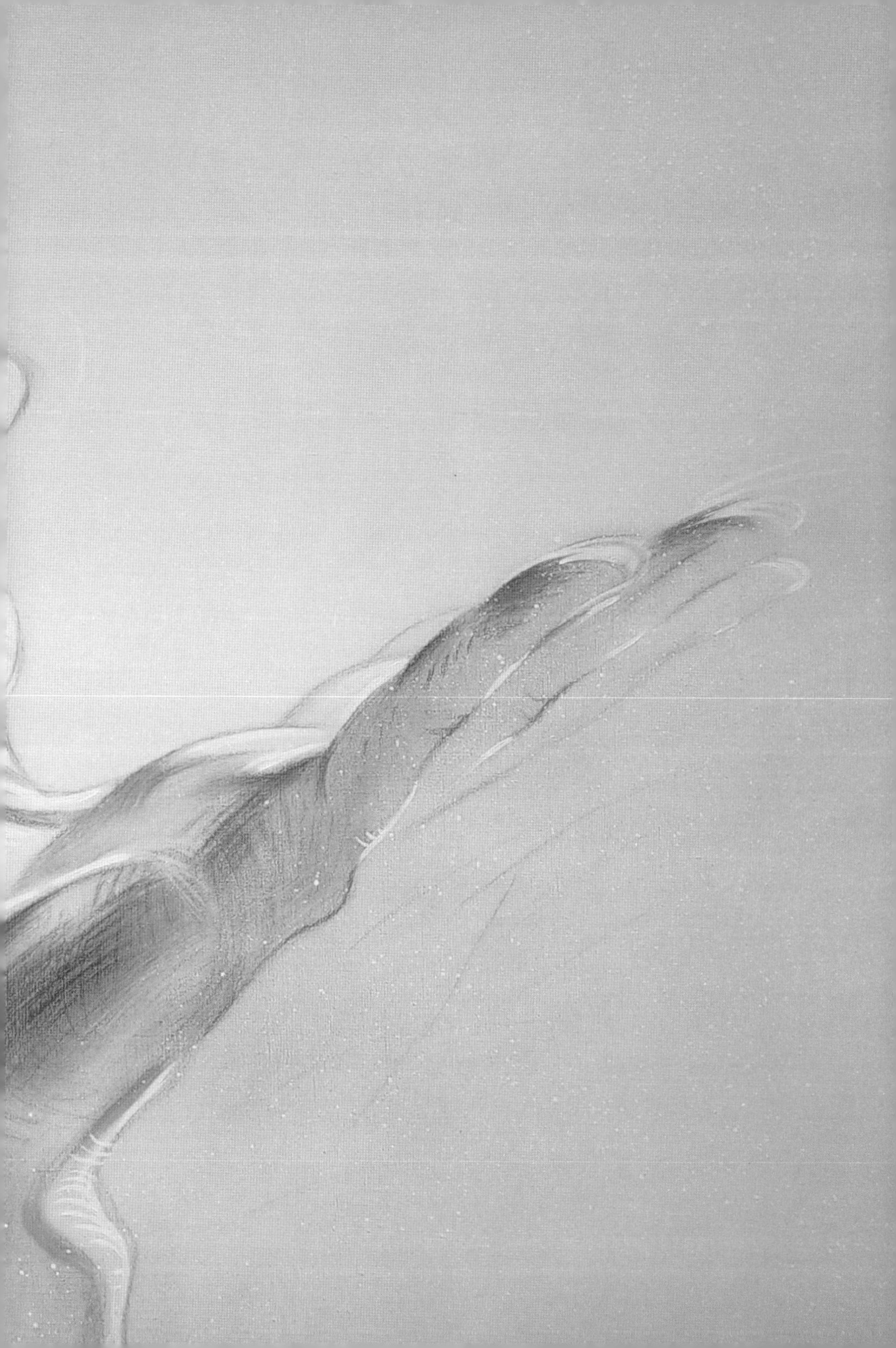

불안은 사라지지 않아도 괜찮다
브리지드 딜레이니, 《불안을 이기는 철학》을 읽고

나는 불안을 늘 없애야 할 문제로 생각해 왔다. 이유 없이 마음이 무거워질 때면, 그 감정을 빨리 지워야 한다고 여겼다. 더 바쁘게 움직이거나 다른 생각으로 덮으려 했지만, 불안은 쉽게 사라지지 않았다.

잠시 가라앉는 듯하다가도 다시 돌아왔다. 이 책을 읽기 전까지, 나는 불안을 이겨야 할 대상으로만 바라보고 있었다.

《불안을 이기는 철학》은 다른 관점을 제시한다. 불안은 잘못된 감정이 아니라, 인간에게 자연스럽게 나타나는 반응이라는 것이다. 문제는 불안을 느끼는 것이 아니라, 그 감정에 휘둘리며 자신을 몰아붙이는 태도에 있다. 이 문장을 읽으며, 나는 그동안 나 자신을 얼마나 자주 다그쳐 왔는지 돌아보게 되었다.

책은 우리가 통제할 수 있는 것과 통제할 수 없는 것을 구분해야 한다고 말한다. 나는 결과와 타인의 평가, 미래까지 모두 붙잡으려 했다. 그러다 보니 바꿀 수 없는 일 앞에서도 자신을 탓하며 괴로워했다.

이 책을 통해, 내려놓아야 할 것과 책임져야 할 것을 구분하는 것이 불안을 줄이는 첫걸음이라는 생각이 들었다.

또한 이 책은 생각과 사실을 분리하라고 조언한다. 종종 머릿속에서 최악의 상황을 먼저 떠올리고, 그것을 곧 사실처럼 받아들였다.

하지만 대부분은 일어나지 않는 일들이었다. 이 책은 **생각은 생각일 뿐이며, 반드시 현실을 의미하지는 않는다**고 말한다. 이 문장을 통해, 나는 내 생각을 조금 떨어져서 바라보는 연습을 하게 되었다.

불안은 주로 아직 오지 않은 미래에서 생긴다. 나는 지금보다 다음을 먼저 생각하며 하루를 보냈다. 그로 인해 현재에 집중하지 못했다. 이 책은 자주 지금 이 순간으로 돌아오라고 말한다. 지금 할 수 있는 일에 집중할 때, 불안은 더 이상 나를 지배하지 못한다.

이 책을 읽고 난 뒤, 나는 불안을 없애려 하기보다, 불안과 함께 살아가는 법을 배우고 싶어졌다. 불안을 느끼는 나를 문제로 보지 않고, 하나의 신호로 받아들이려 노력하게 되었다. 아직 완벽하지는 않지만, 예전처럼 감정에 끌려가지 않으려는 태도가 생겼다.

《불안을 이기는 철학》은 평온을 약속하지 않는다. 대신, **흔들리더라도 다시 돌아올 수 있는 기준**을 마련해 준다. 나는 이제 불안을 없애는 삶보다, 불안을 관리하며 살아가는 삶을 선택하고 싶다.

내가 반복해 온 나에게서 벗어나기

조 디스펜자, 《당신이라는 습관을 깨라》를 읽고

간혹 나 자신을 "원래 이런 사람"이라는 말로 설명해 왔다. 어떤 상황에서 늘 비슷하게 반응하고, 같은 생각에 머무르며, 쉽게 바뀌지 않는 내 모습을 성격이나 기질의 문제라고 여겼다. 그래서 변화하고 싶다는 마음이 들 때에도, 그 생각은 오래가지 못했다.

나는 나를 바꾸기보다 익숙한 방식으로 살아가는 쪽을 선택해 왔기 때문이다. 《당신이라는 습관을 깨라》를 읽으며, 내가 '나'라고 믿어 왔던 것이 사실은 오랫동안 반복해 온 **습관의 결과**일지도 모른다는 생각을 처음 하게 되었다.

이 책에서 조 디스펜자는 우리가 반복하는 생각과 감정, 행동의 조합이 곧 정체성이 된다고 말한다. 뇌는 자주 사용하는 회로를 더 빠르고 쉽게 쓰도록 바꾸고, 몸은 익숙한 감정 상태를 기준처럼 받아들인다.

그래서 우리는 변화하고 싶다고 말하면서도, 무의식적으로 늘 같은 방향으로 돌아간다. 나 역시 새로운 선택을 하고 싶어 하면서도, 결국에는 익숙한 생각과 감정으로 되돌아가곤 했다.

저자는 변화가 단순한 결심이나 의지의 문제가 아니라고 말한다. 생각이 바뀌지 않으면 감정도 바뀌지 않고, 감정이 그대로라면 행동 역시 달라질 수 없다. 그리고 같은 생각과 감정을 유지한 채로 다른 결과를 기대하는 것은, 같은 원인으로 다른 결과를 바라는 일과 같다고 설명한다. 이 문장을 읽으며, 나는 그동안 나 자신에게 얼마나 비현실적인 기대를 해왔는지 돌아보게 되었다.

책에서 특히 인상 깊었던 부분은, 우리가 과거의 감정에 중독되어 있다는 설명이었다. 불안이나 두려움, 좌절 같은 감정은 힘들지만 익숙하다. 그래서 우리는 그런 상태를 벗어나기보다, 다시 그 감정으로 돌아가려는 경향이 있다.

나는 자신을 힘들게 하면서도, 그 익숙한 감정에서 쉽게 나오지 못했던 순간들을 떠올렸다. 변화가 어려운 이유는 나약해서가 아니라, 이미 몸과 뇌가 그 상태에 익숙해져 있기 때문이라는 말은 나를 조금 덜 비난하게 했다.

책은 **우리가 새로운 삶을 원한다면, 과거의 방식으로는 그 미래를 만들 수 없다**고 말한다. 나는 늘 더 나은 미래를 상상하면서도, 오늘의 생각과 행동은 거의 바꾸지 않았다. 이 책을 통해, **변화는 외부 환경이 아니라 내 안의 반응 방식에서 시작된다**는 사실을 조금씩 받아들이게 되었다.

후반부에 소개된 명상과 훈련은, 단순한 마음가짐이 아니라 뇌의 패턴을 실제로 바꾸기 위한 연습처럼 느껴졌다. 과거의 나를 떠올리는 대신, 내가 되고 싶은 모습을 반복해서 상상하고, 그 감정을 몸에 익히는 과정은 처음에는 낯설고 어색했지만, 동시에 새로운 가능성을 열어 주는 방법처럼 보였다.

변화는 하루아침에 일어나지 않지만, 매일 같은 방향으로 생각하고 느끼는 연습이 쌓이면 다른 선택이 가능해진다는 말이 오래 남았다.

이 책을 읽고 난 뒤, 나는 나를 쉽게 규정하지 않으려 한다. 지금의 나는 내가 만들어 온 결과일 뿐, 앞으로도 그대로일 필요는 없다는 생각이 들었기 때문이다.

여전히 흔들리고, 익숙한 방향으로 돌아가려는 순간이 많지만, 그때마다 내가 반복하고 있는 패턴을 한 번 더 바라보게 되었다.

《당신이라는 습관을 깨라》는 나에게 완전히 다른 사람이 되라고 말하지 않는다. 대신, **자동으로 반응하는 나를 멈추고, 선택하는 나로 돌아오라**고 말하는 책처럼 느껴졌다.

나는 이제, 나를 규정해 온 오래된 습관에서 조금씩 벗어나 보고 싶다. 그리고 그 변화는 아주 작은 인식에서부터 시작되고 있다는 것도 알게 되었다.

다시 살아도 좋을 하루를 위하여

김종원, 《한 번 사는 인생, 어떻게 살아야 하는가》를 읽고

나는 자주 오늘을 임시처럼 살아간다. 언젠가 더 나은 조건이 갖춰지면, 그때부터 진짜로 살겠다고 마음속으로 미뤄 둔다. 지금의 선택은 연습처럼 여기고, 중요한 결정은 나중으로 넘긴다.

그러나 이 책을 읽으며, 그런 태도 자체가 삶을 바깥에서 바라보는 방식일지도 모른다는 생각이 들었다. 삶은 준비가 끝난 뒤에 시작되는 것이 아니라, 이미 진행 중인 일이라는 사실을 나는 자주 잊고 있었다.

이 책은 니체의 사상을 바탕으로, **삶을 견디는 것이 아니라 스스로 창조하는 일**로 바라보라고 말한다. 니체에게 삶은 주어진 길을 따라가는 과정이 아니라, 스스로 의미를 만들어 가는 작업에 가깝다.

나는 그동안 삶을 평가의 대상으로만 여겨 왔다. 잘 살고 있는지, 뒤처지지 않았는지 끊임없이 비교하며 점수를 매겼다. 그러나 니체는 묻는다. "너는 네 삶의 관객인가, 아니면 창작자인가." 이 질문은 내가 지금까지 너무 오래 관객의 자리에 서 있었음을 깨닫게 했다.

니체가 말한 **운명애(Amor Fati)는 바꿀 수 없는 것을 사랑하라는 태도**다. 나는 그동안 바꿀 수 없는 조건들을 견뎌야 할 짐처럼 여겨왔다. 과거의 선택, 이미 놓쳐버린 기회, 바꿀 수 없는 성격까지도. 그러나 니체는, 그것들을 미워하는 대신 삶의 재료로 삼으라고 말한다. 삶은 다시 고를 수 있는 문제가 아니라, 주어진 것을 어떻게 엮느냐의 문제라는 생각이 들었다.

또 다른 사상인 영원회귀는 내 삶을 바라보는 기준을 바꾸어 놓았다. 지금의 이 하루가 끝없이 반복된다면, 나는 지금처럼 살 수 있을까. 이 질문은 삶의 무게를 크게 만들었다. 아무 생각 없이 흘려보낸 하루는 다시 살고 싶지 않다.

그러나 의미를 느낀 하루는 다시 돌아와도 견딜 수 있을 것 같다. 이 질문을 통해 나는, 선택이 단순한 하루의 문제가 아니라 삶 전체를 구성하는 조각이라는 사실을 새롭게 보게 되었다.

니체는 또한 자기극복을 말한다. 그는 **성장을 남과의 비교가 아니라, 어제의 나를 넘어서는 일**로 보았다. 나는 그동안 늘 타인의 속도를 기준으로 나 자신을 평가해 왔다. 누군가는 이미 도착한 것처럼 보였고, 나는 늘 늦은 사람처럼 느껴졌다.

그러나 니체는, 나의 삶에는 나만의 리듬이 있으며, 그것을 무시한 비교는 나를 더 작게 만들 뿐이라고 말하는 것 같았다. 나에게 필요한 것은 더 빠른 속도가 아니라, 나만의 방향이라는 생각이 들었다.

우리는 너무 쉽게 남의 기준으로 살아간다. 무엇이 성공인지, 무엇이 옳은지, 무엇이 행복인지 이미 정해진 틀 안에서 선택한다. 나 역시 안전한 기준에 기대어 살고 싶어 했던 것 같다.

그러나 니체는 묻는다. "그것은 정말 너의 가치인가." 이 질문 앞에서, 나는 처음으로 나 자신의 기준을 세우는 일이 얼마나 어려운지 깨닫게 되었다.

이 책을 덮으며, 나는 삶을 하나의 작품처럼 생각해 보게 되었다. 완성된 그림이 아니라, 계속 덧칠되고 수정되는 작업처럼. 실수와 후회도 하나의 흔적으로 남는다.

중요한 것은 완벽함이 아니라, 내가 이 작업에 얼마나 진지하게 참여하고 있는지일 것이다. 삶은 평가의 대상이 아니라, 내가 계속 만들어 가는 과정이라는 생각이 들었다.

여전히 나는 불안하고 흔들린다. 그러나 이제는 그 흔들림 속에서도 나의 선택을 조금 더 존중하려 한다. 오늘의 하루가 언젠가 다시 돌아와도 괜찮다고 말할 수 있도록, 조금 더 의식적으로 살고 싶다.

고난을 극복하는 힘
박찬국, 《사는게 힘드냐고 니체가 물었다》를 읽고

행복의 조건, 인생의 의미, 인간관계에서의 갈등, 일의 가치 등 인생에 대한 10가지 고민과 니체의 대답으로 이루어진 책이다.

"내 인생은 왜 이렇게 힘들기만 할까?"

이런 걱정을 하는 사람들이 많다. 그런 우리에게 니체는 "상처받는 것을 두려워하면 행복해질 수 없다."고 말한다.

"삶의 의미를 어디서 찾아야 할까?"

이런 질문을 할 수도 있다. 그런 우리에게 니체는 "의미를 찾지 않는 삶이야말로 진정 의미 있는 삶이다."라고 말한다.

니체가 우리에게 전하려는 메시지는 사는 것이 힘들다고 느껴질 때 세상을 탓하지 말고, 자신과 남을 비교하며 좌절하지 말고, 나만의 가치를 만들어 나답게 사는 것이 가장 인간다운 삶이라는 것이다.

인간다운 삶이란 주어진 틀에 순응하는 것이 아니라, 고통과 혼란 속에서도 자신의 의미를 세우고 끊임없이 자신을 넘어서는 과정이었다.

남의 삶을 모방하는 존재가 아니라, 삶의 주인이 되어 스스로의 길을 만들어갈 때 비로소 인간은 진정으로 살아 있다고 말할 수 있다는 것이다.

니체는 행복의 조건에 대해 이렇게 말한다.

"시련을 극복하려는 자기 자신을 존경하라."

니체가 살았던 19세기는 삶의 의미와 목적을 부여하던 종교적 세계관과 가치관이 무너지기 시작한 시대였다. 사람들은 내가 왜 살아야 하는지 답을 찾으려 했지만 결국 인생은 허무하고 무의미한 것이라 여기며 삶에서 맞닥뜨리는 고통과 시련을 피하려고만 했다.

이때 니체는 인간의 삶이란 필연적으로 고통스러운 것이기에 피할 수 없다고 말했다. 행복이란 아무 걱정이나 근심이 없는 상태가 아니라 자신 앞에 주어진 어려움과 시련을 헤쳐 나갈 때 스스로가 고양되고 강화된다고 주장한다.

인간이 목표하는 것은 단순한 종족보존의 욕망이나 삶을 연명하는 것이 아니라 자신을 고양하고 강화하는 것이다.

진정한 의미에서 행복한 인간이란 고통이나 어려움을 흔쾌히 받아들이며 그런 삶 자체를 사랑하는 사람이다.

인생은 아이처럼 살아야 한다. 인생을 유희처럼 살아야 한다. 어떤 순간에 '왜 이 놀이를 해야 하지?'라고 묻는 것은 재미가 없을 때 드는 의문이다.

어떤 재미있는 일을 할 때는 이 일을 왜 해야 하는지에 대해 생각하지 않는다. 인생이 하나의 재미있는 놀이로 여겨지는 사람은 '이 놀이를 계속해야 하는지'를 묻지 않는다. 그저 즐긴다.

삶의 의미를 묻게 된다면 인생이 자신이 짊어져야 할 무거운 짐으로 인식되지 않는지를 물어야 한다.

니체는 이를 이겨낼 유형의 인간으로 초인을 이야기한다. **초인은 '강한 긍지와 용기, 지혜를 갖추고 있으면서 자신보다 강한 자에 대해서는 의연하고 도전적이지만, 패자에 대해서는 관용과 자비를 베풀 줄 아는 사람을 말한다.** 종교의 힘이 약해지는 세상에서 초인이라는 이상을 제시했다.

자기 자신이 되기 위해서는 우리는 거짓된 자기를 극복해야 한다. 자기 자신이 된다는 것은 각자가 타고난 성질대로 사는 것이 아니라 자기 삶에 하나의 스타일을 부여하는 것이라고 본다.

자기 자신이 되는 사람이란
무엇보다 자기 자신을 통제하고 지배하면서 자신을 일정한 방향으로 길러낼 줄 아는 사람이다.

사유의 노트 #10

호세 무히카
적게 가지며 더 자유로웠던 대통령

권력의 자리에서 검소를 선택한 사람

호세 무히카(José Mujica, 1935–)는 우루과이의 전 대통령이자, 세계에서 가장 검소한 지도자로 불렸다. 그는 대통령 관저 대신 허름한 농가에서 살았고, 월급의 대부분을 기부하며, 오래된 폭스바겐 비틀을 타고 다녔다. 이 모습은 언론을 통해 상징처럼 소비되었지만, 그의 삶은 이미지가 아니라 일관된 선택의 결과였다.

무히카는 오랜 독재 정권 아래에서 게릴라로 활동하다 투옥과 고문을 겪었고, 십수 년을 감옥에서 보냈다. 그 경험은 그에게 권력과 자유, 인간의 존엄에 대해 깊이 생각하게 만들었다.

정치란 무엇을 위한 것인가, 국가는 왜 존재하는가. 그의 질문은 이 자리에서 시작되었다.

정치는 사람을 위해 존재해야 한다.

소비, 자유, 시간

무히카의 철학은 세 가지 단어로 요약된다.

첫째, **소비**다. 그는 소비가 늘어날수록 자유는 줄어든다고 보았다. 더 많은 것을 가지기 위해 우리는 더 많은 시간을 팔고, 결국 삶의 주도권을 잃는다.

둘째, **자유**다. 무히카에게 자유는 소유가 아니라, 욕망을 조절할 수 있는 능력에서 나온다.

셋째, **시간**이다. 그에게 가장 값진 자원은 돈이 아니라, 자신의 삶을 살 수 있는 시간이었다.

말과 삶이 일치할 때

무히카의 정치가 특별했던 이유는, 말과 삶이 일치했기 때문이다. 그는 검소를 설교하지 않고, 먼저 그렇게 살았다. 권력의 자리에서도 다른 선택이 가능하다는 사실을 몸으로 보여주었다.

그는 국가가 부를 늘리는 데만 집중하는 정치에 질문을 던졌다. 성장은 중요하지만, 그것이 인간을 더 행복하게 만드는지는 따로 물어야 한다고 말했다.

이상주의자라는 비판

그의 방식은 현실 정치에 맞지 않는다는 비판도 받았다.

그러나 그는 성장과 소비만을 목표로 하는 정치가 과연 사람을 위한 것인지 묻고자 했다.

무히카에게 국가는 경쟁을 부추기는 장치가 아니라, 사람들이 덜 불안하게 살아갈 수 있도록 돕는 틀이어야 했다.

우리는 무엇을 위해 바쁘게 사는가

무히카는 우리가 정말로 필요한 것보다 더 많은 것을 위해 살고 있지 않은가에 대해 묻는다.

그의 삶은 답이 아니라, 질문으로 남는다.

사유의 노트 #11

에리히 프롬
자유를 두려워하는 인간을 해부한 사상가

자유는 왜 우리를 불안하게 만드는가

에리히 프롬(Erich Fromm, 1900–1980)은 인간이 자유를 원한다고 말하지 않았다. 그는 오히려 인간이 **자유를 두려워한다**고 보았다. 중세 사회에서 인간은 신과 공동체 안에 소속된 존재였고, 삶의 방향은 외부에서 주어졌다.

그러나 근대에 들어 개인은 해방되었고, 동시에 고립되었다. 전통과 종교, 공동체의 기준이 무너지자 인간은 스스로 선택해야 하는 존재가 되었지만, 그 선택은 곧 불안이 되었다.

프롬에게 자유는 축복이 아니라, 감당해야 할 짐이었다. 그는 인간이 방향 없는 자유 앞에서 흔들리는 이유를, 단순한 성격 문제가 아니라 사회 구조의 변화에서 찾았다. 그의 질문은 여기에서 출발한다.

왜 우리는 스스로 선택할 수 있으면서도, 선택을 피하려 하는가.

도피, 소유, 존재

프롬의 사상을 지탱하는 핵심 개념은 세 가지다.

첫째, **자유로부터의 도피**다. 사람들은 불안을 견디지 못할 때, 권위에 복종하거나 집단에 숨거나, 기계처럼 순응한다. 스스로 판단하는 대신, 누군가의 지시에 자신을 맡기며 안정을 얻으려 한다.

둘째, **소유 양식**이다. 현대인은 자신을 '무엇을 가지고 있는가'로 설명하려 한다. 직업, 성과, 이미지, 재산은 나를 증명하는 수단이 된다. 그러나 소유는 일시적이며, 사라질 가능성을 늘 품고 있다.

셋째, **존재 양식**이다. 프롬은 인간이 다시 자기 자신으로 살아가기 위해, 소유가 아니라 존재를 중심에 두어야 한다고 보았다.

불안은 개인의 약함이 아니다

프롬에게 불안은 개인의 결함이 아니라, 사회가 만들어낸 조건이다. 경쟁과 비교, 성과 중심의 문화는 인간을 끊임없이 측정하고 평가하게 만든다. 그 속에서 사람들은 자신을 하나의 대상처럼 바라보며, 점점 자기 자신과 멀어진다.

사람들은 인정받기 위해 더 많이 소유하려 하고, 실패를 두려워하며 스스로를 검열한다. 그러나 이 불안은 개인의 의지로 해결될 수 있는 문제가 아니다. 프롬은 사회가 바뀌지 않는 한, 인간의 내면 역시 치유되기 어렵다고 보았다.

사랑과 책임이라는 대안

프롬은 사랑을 감정이 아니라, **태도와 훈련의 문제**로 보았다. 사랑은 의존이나 도피가 아니라, 자유를 견디는 능력이다. 그는 인간이 다시 존재의 방식으로 돌아갈 수 있다고 믿었다.

사랑은 타인에게 자신을 맡기는 것이 아니라, 스스로 선택하고 책임지는 관계다. 프롬에게 성숙한 인간이란, 불안을 피하지 않고 그것을 감당할 수 있는 존재였다.

나는 무엇으로 나를 증명하고 있는가

지금 나는 무엇으로 자신을 설명하고 있는가. 그것이 사라지면, 나는 어떤 사람이 되는가.

그는 자유는 소유가 아니라, **존재를 선택하는 용기**라고 역설한다.

사유의 노트 #12

지그문트 바우만
흘러버리는 삶 속에서 불안을 분석한 사상가

더 이상 붙잡을 수 없는 세계

지그문트 바우만(Zygmunt Bauman, 1925–2017)은 현대 사회를 '액체 근대'라고 불렀다. 과거의 사회가 단단한 제도와 규칙으로 개인의 삶을 지탱했다면, 오늘의 사회는 그 틀을 빠르게 해체한다.

직업은 평생의 정체성이 아니라 임시 계약이 되었고, 관계는 오래 지속되기보다 언제든 교체될 수 있는 상태로 변했다. 안정은 더 이상 삶의 목표가 아니라, 오히려 뒤처짐의 신호처럼 여겨진다.

바우만에게 현대성은 진보의 완성이 아니라, **고정되지 못하는 상태 그 자체**였다. 그는 사회가 더 유연해질수록 인간의 삶은 더 가벼워졌지만, 동시에 더 불안해졌다고 보았다.

더 많은 선택지가 생겼음에도, 무엇을 선택해야 하는지에 대한 기준은 사라졌다. 바우만의 질문은 여기에서 출발한다.

왜 우리는 더 자유로워졌는데, 동시에 더 불안해졌는가.

유동성, 불안, 소비

바우만의 사상을 지탱하는 핵심 개념은 세 가지다.

첫째, **유동성**이다. 현대 사회에서 모든 것은 잠시 머물다 흘러간다. 직업, 도시, 인간관계, 가치관까지 고정된 상태로 유지되지 않는다. 변화는 필수가 되었고, 정착은 위험한 선택처럼 느껴진다.

둘째, **불안**이다. 기준이 사라진 사회에서 개인은 끊임없이 스스로를 점검한다. 뒤처지지 않았는지, 아직도 선택 가능한 상태인지 확인해야 한다. 실패는 구조의 문제가 아니라, 개인의 능력 부족처럼 해석된다.

셋째, **소비**다. 우리는 물건만이 아니라, 경험과 이미지, 관계까지 소비한다. 만족은 빠르게 소멸되고, 결핍은 다시 구매와 비교를 부른다. 소비는 결핍을 해결하기보다, 오히려 유지하는 장치가 된다.

관계마저 가벼워진 시대

바우만은 현대의 인간관계를 '느슨한 연결'로 설명했다.

관계는 깊어지기보다 쉽게 시작되고, 쉽게 끝난다. 갈등이 생기면 해결하기보다 교체하는 쪽이 더 빠르고 덜 고통스럽게 느껴진다.

이러한 관계 방식은 디지털 환경에서 더욱 강화된다. 우리는 언제든 연결될 수 있지만, 동시에 언제든 차단할 수도 있다. 친밀함은 늘어나는 것처럼 보이지만, 책임은 줄어든다. 관계는 지속의 약속이 아니라, **유지되는 동안만 유효한 계약**이 된다.

바우만에게 이것은 도덕의 붕괴가 아니라, 사회 조건의 변화였다. 불안정한 삶은 불안정한 관계를 낳고, 불안정한 관계는 다시 개인의 고립을 심화시킨다.

자유의 그늘

바우만은 자유가 사라졌다고 말하지 않았다. 다만 그 자유가 **지탱할 구조를 잃었다**고 보았다. 우리는 스스로 선택하지만, 실패의 책임도 혼자 감당해야 한다.

자기계발, 성과, 성장이라는 언어는 개인에게 끊임없는 개선을 요구한다. 쉬는 순간조차 뒤처짐으로 느껴지는 시대에서, 사람들은 스스로를 프로젝트처럼 관리한다. 자유는 더 많은 가능성을 열어주지만, 동시에 끝없는 자기 검열과 비교를 낳는다.

이때 사회는 더 이상 보호 장치가 아니라, 경쟁의 무대가 된다. 개인은 스스로를 지키기 위해 끊임없이 변해야 한다.

무엇이 우리를 붙잡아 주는가

바우만의 질문은 현대인에게 깊은 의미를 부여한다. 지금 이 삶에서, 나를 붙잡아 주는 것은 무엇인가.

모든 것이 흘러가고, 아무것도 오래 머물지 않는 사회에서 우리는 스스로를 어디에 고정할 수 있는가. 그는 현대인을 자유롭지만, 동시에 **붙잡을 곳 없는 존재**라고 보았다.

바우만의 사유는 위로가 아니라, 경고에 가깝다. 그러나 그 경고는 우리에게 묻는다. 불안한 시대를 살아가는 우리는, 무엇을 놓지 않으며 살아갈 것인가.

에필로그

글을 쓴다는 것은 쉬운 일이 아니다. 어떤 형식을 택하더라도, 자신의 주관을 나타낸다는 것은 어렵다. 쓴 글을 모으는 과정은 더욱 힘들다. 이렇게 많은 신경을 쏟았던 적이 언제인가 싶을 만큼, 이 도서를 준비하면서 많은 고민과 시간이 필요했다.

이 작업을 완성하자마자 즉각적으로 두드러지는 변화가 눈에 보이지는 않을 것이다. 어느 것이든 그렇겠지만, 변화라는 건 좀처럼 쉽사리 찾아보기가 힘들기 때문이다. 그럼에도 이 책에 쓸 것들을 고심하면서 한 자씩 써 내려갈 때마다, 작지만 확실하게 변화를 불러오고 있다고 믿는다.

책을 끝낸다 해도, 글쓰기는 결코 끝나지 않을 것이다. 모든 순간이 글을 쓰기 위해 준비하는 것과 다름이 없다. 그렇게 생각하며 글을 마친다.

책에서 만난 나

초판 1쇄 발행 2026년 2월 11일

지은이 김민재
펴낸이 권지현
펴낸곳 이음과펼침
책임편집 이음과펼침 편집부

출판등록 2025년 7월 21일 제2025-000129호
주소 서울시 서초구 양재동 392-3, 202B
이메일 connectnbloom@gmail.com
원고투고 connectnbloom@gmail.com
홈페이지 www.connectnbloom.com

ISBN 979-11-24329-05-4(03810)

· 가격은 뒤표지에 있습니다.

· 파본은 구입하신 서점에서 교환해 드립니다.